VOYAGE

A ROME

PAR M. L'ABBÉ FOURNIER

Curé de Saint-Nicolas,
Membre de la Société Académique et de la Société Archéologique
de la Loire-Inférieure.

NANTES,
IMPRIMERIE DE Mme V{c} MELLINET, PLACE DU PILORI, 5.

1864

VOYAGE A ROME.

Extrait des *Annales* de la Société Académique de Nantes.

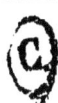

VOYAGE

A ROME

ET DANS

QUELQUES VILLES D'ITALIE

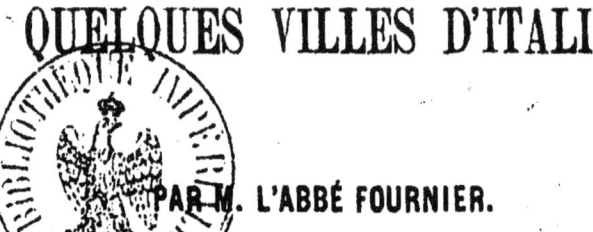

PAR M. L'ABBÉ FOURNIER.

OCTOBRE 1862.

NANTES,

Vᵉ MELLINET, IMPRIMEUR DE LA SOCIÉTÉ ACADÉMIQUE,
Place du Pilori, 5.

1863
1864

Ils sont déjà loin les jours où j'étais à Rome, m'émerveillant et m'enivrant de toutes les belles choses que renferme cette ville incomparable. L'impression que j'en ai remportée est ineffaçable, et ces souvenirs sont pour moi une joie sans cesse renouvelée. Mais le récit ou l'écho de ces souvenirs arrive bien tard ; c'est comme une expression posthume, comme une correspondance attardée, amoindrie, effacée par les correspondances d'une date plus récente.

Et combien de ces impressions, de ces récits, où l'intérêt, le charme, les qualités les plus attrayantes l'emportent cent fois sur ces faibles pages !

Mais qu'y faire ? Je ne dispute pas le prix, je ne m'établis point en concurrent ni en littérateur. Je me contente de livrer à quelques amis ce que je puis nommer avec vérité mes impressions personnelles et mes souvenirs bien aimés.

Je dois seulement en deux mots expliquer les retards et le caractère de ce petit écrit.

Lectures faites à notre Académie de Nantes, souvent interrompues, elles ont subi les conditions de la publication de nos modestes travaux. Cette publication ne se fait qu'à la fin de chaque semestre. Des lectures un peu nombreuses sur un même sujet doivent donc se faire attendre.

Peut-être moi-même aurais-je pu me montrer plus empressé et m'acquitter plus promptement de ma tâche; mais lorsque d'impérieux devoirs absorbent la vie tout entière, il est difficile d'écrire autrement qu'à son heure et à la hâte.

Pour quelques-uns, ce travail ne répondra pas à toutes leurs pensées et à tous leurs désirs. Ils n'y trouveront pas assez fortement empreint le cachet qu'ils auraient attendu de ma part. Ils y chercheront, sans les trouver, une foule de détails sur un grand nombre des pieux monuments et des saints usages de Rome.

Tout cela est vrai. Mais je les prie de tenir compte du but spécial de cette publication, des nécessités et des convenances qui m'étaient imposées, et de se montrer indulgent, si tout y respire le sincère amour du beau et du vrai, et si les saintes convictions et les principes chrétiens s'y font toujours sentir.

Ils sont déjà si nombreux et si bien faits les livres où tout ce que ces lecteurs regrettent est parfaitement exposé, qu'il est toujours facile de combler cette lacune.

Enfin, la publicité donnée à ces pages est trop restreinte, pour qu'elle ne reste pas encore une œuvre spéciale et comme une confidence de l'amitié. A ce titre, du moins, on voudra bien, je l'espère, m'en pardonner les imperfections et les défauts.

Août 1864.

VOYAGE A ROME

ET DANS QUELQUES VILLES D'ITALIE

PAR M. L'ABBÉ FOURNIER.

OCTOBRE 1862.

PREMIÈRE LECTURE.

En vous présentant, Messieurs, cette esquisse rapide et incomplète d'un voyage à Rome et dans quelques villes d'Italie, je n'ai point la pensée de rien apprendre à des collègues dont plusieurs ont vu, et mieux que moi, le pays dont je parle, et dont tous connaissent les savantes descriptions et les éloquents récits.

Encore moins ai-je la prétention de faire un livre et de traiter à fond un si vaste sujet; si cette vaine bouffée me montait à la tête, je briserais bien vite ma plume superbe et folle.

Je n'ai pas même la pensée de me livrer à des dissertations savantes ou à de graves polémiques : les premières dépassent ma compétence et les secondes seraient ici peu opportunes. Il est des questions qui se présentent à l'esprit de tous et sur lesquelles mes convictions ne peuvent être douteuses et ne sont un problème pour personne ; mais je présente à l'Académie ce que je voudrais pouvoir appeler un travail littéraire et non un livre de discussion. Je veux vous parler de l'Italie, presque comme si je l'avais traversée il y a vingt ans, et sans entendre ni le bruit lointain des armes, ni l'écho des violences populaires, ni les discours criards des politiques.

Oserai-je l'avouer ? j'ai négligé à dessein les œuvres des autres, tant de livres érudits, pleins de doctrine, de faits et d'appréciations savantes, pour ne vous donner sur ce que j'ai vu, hommes et choses, que mes impressions personnelles. A la façon d'un journal, écrit sans recherche ni prétention, ce modeste travail est une exposition naïve de mes pensées et de mes jugements.

Très heureux de ce voyage, je sens le besoin de parler d'un pays qui m'a laissé de délicieux souvenirs. Entre collègues on peut se permettre de tels épanchements ; c'est comme un devoir de courtoisie que je tiens à remplir.

Et qui n'aime à entendre parler de ce pays unique par la grandeur des événements et le génie ? L'Italie n'est-elle pas le rendez-vous de toutes les pensées, de tous les travaux littéraires, de toutes les aspirations des arts ? Où trouver au même degré la multitude et la perfection des belles et grandes choses ? où rencontrer un sol plus marqué des empreintes ineffaçables du génie et de la gloire ? Et nous qui avons vécu avec cette belle antiquité, avec ces hommes de Rome, de Tusculum et de Mantoue dans le doux commerce de la poésie, de la philosophie et de l'éloquence ; nous à qui la littérature de ce riche pays est aussi familière que celle de la patrie ; et nous qui, par nos recherches et nos travaux, vivons dans le passé et en poursuivons les traces et les souvenirs dans les monuments écrits ou élevés par la main des hommes ; et vous, enfants privilégiés de la nature, dont le sens exquis, l'imagination brûlante, poursuivent par l'art l'idéal et le côté divin des choses, quelle terre aura plus que l'Italie nos prédilections et notre amour ?

Quel est l'homme mûr, préparé par de fortes études, qui, sur cette terre classique, ne goûte les plus douces jouissances ? Quel est le jeune homme qui, au début de sa carrière, n'y puise, avec un complément d'éducation, le goût instinctif du beau et l'amour des grandes choses ?

Pour moi, qui déjà avancé dans la vie, ai fait trop tard cette excursion lointaine, j'y ai éprouvé quelque chose de cette précieuse flamme, et j'y ai trouvé encore ce que j'y cherchais par-dessus tout, des impressions plus élevées et plus saintes, des souvenirs sacrés qui me sont chers et embaument ma vie.

L'expérience vous a, comme moi, déjà mûris, Messieurs, et nous savons tous que dans les choses de ce monde les illusions sont inévitables. Quoiqu'on entreprenne, il y a du désenchantement ; les choses espérées ne valent pas et ne tiennent pas ce qu'elles promettent. Ici, il en est autrement, et pour le voyage de Rome, je l'affirme, à moins d'être en dehors des conditions communes, on en recueillera bien au-delà de la mesure qu'on avait espérée.

Départ. — Lyon, Marseille.

Parti au commencement d'octobre, je traversais rapidement la France. En quelques heures, grâce à ces voies de feu qui nous donnent des ailes, j'étais à Paris, puis à Lyon : Lyon que je n'avais pas vu depuis vingt ans, Lyon que je ne reconnaissais plus et que j'étais ravi de revoir. Quels changements ! quelles grandes et belles percées ! quels vastes quais ! quel ensemble ! C'est vraiment la seconde ville de la France, et sous quelques rapports, peut-être la première ; car, où retrouver cette position unique au confluent de deux grands fleuves, ces belles rives, ces verdoyantes campagnes, ces hautes collines et cette ceinture de montagnes contrastant avec ces horizons sans fin aux bords du Rhône !

Lyon est changé, et pourtant il est resté le même. Sans m'occuper de ce qui se remue trop facilement dans certaines zones de cette population houleuse, je retrouvais la cité chrétienne, ce vieux Lugdunum des temps antiques, avec ses vieilles croyances et ses vieilles mœurs ; et, lorsque le lendemain, je gravissais la sainte montagne de Fourvière, ses raides escaliers, ses ruelles tortueuses, je suivais comme autrefois de longues files de pieux pèlerins ; je les trouvais nombreux, hommes et femmes, dans le sanctuaire vénéré ; on y priait avec ferveur ; les ex-voto des souffrants et des consolés ne laissent pas le moindre espace vide, et la Vierge immaculée, que la piété catholique a placée, comme la gardienne de la cité, au plus haut de la montagne, y reçoit encore, et le jour et la nuit, de fervents hommages.

C'est de ces hauteurs que nos photographes prennent la vue magique, et, disent-ils, sans rivale de la ville de Lyon.

Dans le vrai, on reste ravi : le regard erre longtemps sur ce panorama magnifique. L'eau, les palais, les monuments, les églises, les aspects variés, l'ensemble immense, les détails saisissants, le mouvement de la cité, l'animation de l'industrie, la splendeur de la nature, tout concourt à charmer le spectateur, et je n'hésiterais pas à me ranger à l'avis des Lyonnais, si quelques heures plus tard je n'avais été suspendu d'admiration à la vue d'un spectacle non moins beau et supérieur à quelques égards. Je veux parler de Marseille.

Je néglige, et le dois, les points intermédiaires. Et pourtant, que de belles choses dans notre France et sur ma voie ! Comment passer près d'Arles sans visiter ses belles arènes, si bien conservées, et son cloître de Saint-Trophime ; sans voir cette population à part, antique et romaine par le type, par l'attitude et la beauté ?

Comment ne pas donner quelques heures à Avignon, cette ville restée italienne toujours, où le passage des Papes a laissé d'impérissables traces, à son château, qui conserve leur nom, monument grandiose, vraiment digne d'une restauration complète; masse imposante, qu'on prendrait de loin, avec ses tours élevées, pour une cathédrale gigantesque : Avignon aux mœurs douces, encore ornée de sa ceinture de murailles, et qui garde à quelques lieux, dans les délicieuses vallées du Vaucluse, les poétiques souvenirs de Pétrarque et de Laure.

Mais ne parlons que de Marseille. Cette ville m'a étonné autant que Lyon : parce que, depuis que je l'avais visitée, elle s'est transformée. Vaste et bien tenue, elle a, pour s'agrandir, transporté les montagnes, creusé des ports et construit des villes nouvelles. La fameuse Canebière a perdu elle-même de sa valeur, depuis que des rues impériales, des boulevards, des jardins d'acclimatation, de longues avenues ont dilaté et doublé la cité phocéenne, toute heureuse du mouvement nouveau de la Méditerranée, de l'exploitation de notre France africaine, et attendant avec une impatiente sécurité cette ouverture de l'isthme de Suez, qui donnera un nouvel accès dans les Indes et un nouvel essor à son activité.

Marseille est belle et grande. Elle répare même une incroyable lacune qu'on ne pouvait s'attendre à y rencontrer. Elle, la première cité des Gaules éclairée du saint Evangile, et toujours demeurée chrétienne, n'avait pas un seul monument religieux qu'on pût citer, pas une église, pas un débris; mais maintenant d'élégantes basiliques s'élèvent sur les ruines ou à côté des vieux et chétifs édifices; et sur les hauteurs du nouveau port, on voit paraître les premières assises d'une cathédrale qui sera un véritable monument. Dirigé par un habile architecte (1), il devra répondre à l'attente publique. Plus riche que nos églises ordinaires, car elle est en marbre dont la double couleur alterne dans la construction, cette église, que je crois inspirée de quelque cathédrale d'Italie et que j'ai parcourue avec soin, m'a paru grande, largement conçue, peut-être un peu massive; mais, en s'élevant, ces murs carrés et épais s'allégiront, les dégagements seront plus sensibles, une coupole justifiera la force des points d'appui, et, comme il arrive souvent, l'homme de l'art aura raison contre l'amateur inexpérimenté ou prévenu et ignorant.

Mais laissons les monuments : ils sont encore trop rares. Attendons que les grands magasins, les palais industriels et les quartiers nouveaux s'achèvent. Elevons-nous sur les hauteurs.

Marseille a son Fourvière, et *Notre-Dame-de-la-Garde*,

---

(1) M. Vaudoyer, architecte du gouvernement, membre de l'Institut, etc.

isolée sur la montagne, placée en vigie sur le port, est, elle aussi, d'un aspect admirable. C'est de ce point élevé, sauvage, au sommet d'un roc abrupt, que je compris Marseille et qu'il me sembla que j'avais sous les yeux un des plus beaux sites du monde.

Il était tard, un ciel lourd et menaçant représentait assez mal les splendeurs méridionales. Mais quel tableau ! On sentait l'orage sous la nue, on frémissait pour la barque lointaine, pour les nautonniers lancés sur la mer perfide ; car ce n'était plus le Rhône, c'était la mer immense que j'avais devant moi, cette Méditerranée non pas diaphane et d'azur comme on aime à se la représenter, mais émue, troublée, brisant ses vagues sur ses beaux rivages aux roches escarpées. Mes regards se reportaient alternativement de la mer à la cité et de la cité à la mer, et j'embrassais du même coup-d'œil la grandeur de cette mer se perdant avec l'azur du ciel, les belles dentelures de la côte, charmant rivage, et les îles voisines, la grande baie du port, le port lui-même, les vaisseaux de toutes les nations, les marins empressés, la ville tout entière, grande, immense, agitée comme les flots, inégale et capricieuse à l'instar de ses habitants vifs, animés, enjoués et spirituels. Tout était grand et sans limite dans ce tableau. Où retrouver un tel site, une telle ville et une telle mer ?

Je ne quittai point ces lieux sans prier à la chapelle ; en de semblables circonstances la prière est facilement une hymne. Je me rappelais les chants du poète roi : *Dominus regnavit decorem indutus est... Mirabiles elationes maris, Mirabilis in altis Dominus... vox Domini in virtute, vox Domini in magnificentia...* L'orage commençait à gronder ; je priais pour les voyageurs, je priais pour moi, qui, le soir même, prenais place sur un paquebot des Messageries impériales (le *Vatican*).

La traversée.

Ces paquebots sont un îlot flottant. Plusieurs centaines de passagers peuvent y trouver place. Le confortable et l'agréable n'y ont point été négligés. Un salon richement décoré attend la société qui veut s'y réunir pour la conversation. Si le temps est beau, on peut non-seulement y lire, mais y écrire à l'aise. Un bon piano attend la personne artiste, qui voudra charmer ou prévenir son ennui, et le chanteur désireux de soutenir par un accompagnement sa voix douteuse.

Une table bien servie attend aussi les convives ; mais, hélas ! ces apprêts culinaires sont trop souvent, pour le grand nombre, des inutilités et presque des ironies. Un mal affreux, qui n'a pas d'autre nom ni d'autre cause que la mer, vient troubler tous les calculs, bouleverser les plus robustes et anéantir les volontés et les intelligences les plus fermes.

Singulière réunion parfois, que cette collection de voyageurs venus de tous les points et de tous les coins de la société ! Dans la saison favorable, les *touristes* abondent, mais le commerce, les hasards de la vie fournissent aussi leur contingent. Et, de plus, sur notre beau navire, nous transportions à Rome un détachement de troupes françaises. Trois cent quarante hommes encombraient le pont d'avant, et nous auraient fait regretter ce surcroît inattendu de population, n'eût été le but de leur voyage, et aussi l'entrain et la gaîté toute française dont ils firent preuve. Plusieurs d'entre eux suffirent à entretenir constamment la bonne humeur ; quelques-uns mêmes, natures exceptionnelles, par leurs chansons et leurs *charges*, attirèrent fréquemment l'attention de nos plus délicats et de quelques belles dames que nous avions à bord, et égayèrent ainsi pendant des heures la longue traversée.

Au sérieux, on a bien vite, dans ces réunions et ainsi rapprochés, trouvé à peu près ses pareils ; on se devine, on ne tarde pas à se connaître, et j'ai fait de la sorte quelques rencontres qui sont devenues presque des amitiés, passagères, il est vrai, comme les circonstances qui les avaient fait naître.

Nous partions le soir : la nuit, mais une nuit claire nous prit bientôt. Cependant le temps ne tarda pas à se troubler ; nous eûmes un simulacre de tempête, assez pour avoir une idée de ces grands mouvements de la nature, pas assez pour être saisis par la peur. Quelques éclairs sillonnaient la nue, quelques coups de tonnerre retentirent dans l'espace et sur les flots. Il n'en fallut pas davantage pour jeter le trouble parmi les passagers ; un grand nombre, les femmes surtout, ressentirent ce mal affreux dont je parlais tout à l'heure.

Deux nuits se passèrent sur les flots : je me couchai peu ; j'étais avide de ce spectacle nouveau pour moi, de la contemplation du ciel, de la beauté des nuits sur cette belle Méditerranée.

Les côtes, les îles, quelques-unes historiquement fameuses, telles que la Corse et l'île d'Elbe, nous apparurent de bien près. La nuit brillait de ses feux et la mer de son phosphore ; quelques constellations tournaient autour de nous presque à vue d'œil. Les étoiles avaient un éclat extrême, et les feux de la côte charmaient nos regards. Au retour du jour, tout s'animait sur le pont. Les conversations se formaient, les propos se croisaient avec gaîté, et des groupes entouraient avec empressement d'aimables et spirituels causeurs. Nous avions parmi nous plusieurs savants dont la science n'avait aucunement gâté l'esprit, des hommes de premier ordre à qui rien ne semblait étranger, et entre quelques ecclésiastiques, je distinguai un aumônier de marine digne de ce poste délicat et difficile, et un chapelain de Saint-Louis-des-Français, attaché à l'Ambassade, dont le tact, la science variée et la vive élocution font le plus grand honneur au diocèse breton qu'il représente.

Mais voilà que nous touchons à l'Italie, à ce pays rêvé, plein de souvenirs, d'une attraction si puissante, et dont l'impression ne diminue ni ne s'efface.

Nous arrivons à Civita-Vecchia, cette clef de l'Italie, militairement et politiquement importante, cité antique succédant à une colonie romaine, port de relâche de la navigation à vapeur, et qui, tout d'abord, par sa forteresse, m'indique l'un des plus grands génies italiens; ce Michel-Ange qui dessinait et traçait des châteaux forts comme il élevait des coupoles, peignait des Jugements derniers et sculptait des Moyses.

Civita ne pouvait avoir pour moi d'intérêt. Je ne fus point attiré par les richesses archéologiques qui l'entourent. Je la trouvais encore éloignée de Rome, où tendaient tous mes vœux; néanmoins, j'ai éprouvé un moment de bonheur, lorsqu'en mettant le pied à terre, deux jeunes soldats de la garnison vinrent à moi avec une respectueuse cordialité, m'appelant par mon nom et me rappelèrent Nantes, leur ville natale et la mienne, et leur première communion, à laquelle je les avais préparés; souvenir sacré qui revient surtout au loin et plus tard.

Rome.

Comme il me tardait d'arriver! Combien les ennuis des passeports et des visites douanières, et toutes ces formalités romaines si minutieuses m'étaient pénibles ! Combien me paraissait lente la marche de ce mauvais chemin de fer que nous avons pourtant construit ! Je dis *nous*, comme si la France avait rien de commun avec les spéculations des Mirès et des Pontalba.

Enfin, Rome apparaît, comme autrefois la ville sainte aux regards des pèlerins : et pour moi c'était bien la nouvelle Jérusalem. Mais, je dois l'avouer, comme tout étranger, je fus déconcerté de l'impression première. Moins poète que l'abbé Gerbet (1), je ne fus pas saisi comme lui de l'effet harmonieux des *campagnes inhabitées, où errent seulement quelques troupeaux de cavales et de buffles, de la cessation des bruits et des mouvements de l'industrie et de la société moderne, comme pour faire silence autour de la ville de la religion céleste et de la prière recueillie*. L'entrée de Rome, du côté du chemin de fer, étroite, tortueuse, embarrassée, ces faubourgs pauvres et peu soignés, cette absence du mouvement et de l'éclat qui caractérisent les grandes villes, m'attristèrent beaucoup.

Je cherchais, d'après mon idéal, cette Rome si grande et si belle, et je me trouvais dans une ville de troisième ordre à peine, que rien ne relevait à mes yeux. Mais ma tristesse dura peu : déjà j'avais aperçu, à la dérobée, le grand temple par excellence et le château Saint-Ange, cette tour immense, jadis un tombeau, maintenant un fort; et au même moment m'était apparu un petit soldat français, seul, au port d'armes, sur le bastion, et je m'étais dit avec un sentiment d'orgueil : Voilà la France, sa noble mission et sa puissance. Un soldat avec son drapeau, et

---

(1) Actuellement évêque de Perpignan, auteur de *Rome chrétienne*, chef-d'œuvre littéraire et beau livre chrétien.

c'est assez. Les mouvements les plus agités, les convoitises les plus ardentes viendront se briser contre cet obstacle, comme les flots contre un grain de sable. Tant qu'il sera là, tant que la France le voudra, l'arche sainte de la catholicité sera en sûreté.

Grandeurs de Rome.

J'ai dit combien le premier aspect de Rome répond peu à ce qu'on attendait. Par quels côtés donc Rome est-elle grande ?

Je réponds : Par tous les côtés qui peuvent intéresser l'intelligence et le cœur, l'imagination et les souvenirs ; par la multitude, la variété, la grandeur et la perfection des monuments qu'elle renferme; par le culte suprême des arts ; par la majesté étonnante que ses ruines imposantes lui donnent; parce que cette ville, si longtemps la tête et le cœur du monde, d'où partait le commandement et la vie, est encore, pour tout homme qui sent et qui pense, la grande cité de la terre ; parce que la majesté religieuse, encore plus grande, empreinte dans tous ses monuments, même païens, ressortant par tous ses pores, resplendissant de tous les rayons d'un culte inspiré, d'une religion sublime, élève la Rome chrétienne bien au-dessus de cette Rome païenne dont elle est l'héritière et qu'elle a si bien remplacée.

Je comprends que les esprits superficiels qui viendraient à Rome pour n'y chercher que les plaisirs mondains, ou les *touristes* légers qui ne pénètrent pas même les surfaces, ou les âmes lourdes et grossières pour lesquelles les arts sont lettre morte et dont les facultés ne peuvent s'ouvrir aux impressions intellectuelles et religieuses, apprécient peu notre grande Rome. Les plus belles choses, même les plus exquises, peuvent être dédaignées de la foule, sans perdre pour cela de leur valeur. Et encore faudrait-il n'être accessible au beau, au grand, au sublime par aucun endroit, pour rester indifférent dans ce monde si varié de merveilles, et il en est peu qui descendent jusque là.

Presque toujours, au contraire, le séjour de Rome développe les natures même les plus simples ; le goût, l'attrait, le charme augmentent chaque jour. A mesure qu'on pénètre plus avant dans cette ville presque mystérieuse, on l'apprécie, on l'aime davantage. Chaque jour, à chaque pas, on découvre une beauté, un objet inattendu. Bientôt le temps paraît trop court, on ne suffit pas à sa tâche, on se passionne pour cette Rome qu'on avait dédaignée. Et telle est sa beauté suprême et triomphante, qu'on ne se lasse pas de la voir, qu'elle dépasse les espérances et les rêves, qu'on ne la quitte qu'avec peine, et nourrissant toujours le désir et l'espoir de la revoir encore.

Oserai-je le dire ? Rome est la ville incomparable. Je mets ce mot, parce que seul il rend ma pensée. C'est là qu'on prend la mesure des choses. Rome vue, on pourra admirer encore ailleurs, mais assurément rien n'étonnera dans une autre cité. Je la crois vingt fois plus belle qu'aucune autre capitale du monde, parce que j'y trouverai vingt fois plus à voir et à admirer, et que l'intérêt y sera infiniment plus grand.

Le présent comme le passé, le sacré comme le profane, les palais et les églises, les monuments et les ruines, et tout ce qui intéresse et honore le génie de l'homme, forment au front de Rome un diadème tellement glorieux, que les cités les plus belles et les plus fières doivent la proclamer leur reine.

Etonnante destinée ! Dans le passé, le monde était son tributaire, le monde entier déposa dans son sein ses richesses, et de sa force toute puissante elle éleva des colosses impérissables et de merveilleux monuments. Les siècles y apportèrent leurs couches successives, et souvent sous la poudre des âges furent ensevelis ses trésors, ses religions et sa puissance.

Mais une autre Rome s'élève, longtemps ensevelie elle-même dans l'ombre et dans le sépulcre des catacombes. Plus tard, elle sort victorieuse du tombeau pour ne plus mourir; elle étend par la religion son empire encore plus loin qu'autrefois par les armes, et dans son sein viennent se concentrer les forces vives de la religion et du monde. Tout son sol se couvre de monuments qui étonnent, les choses grandes éclosent comme d'elles-mêmes, les merveilles se touchent, et les beaux-arts — cette grande passion de notre âge — trouvent à Rome leur mère-patrie. Nulle part ils ne fleurissent davantage; et si quelques villes d'Italie, Florence, Bologne, Pise, Naples, Venise, eurent des maîtres célèbres, c'est à Rome qu'ils durent recevoir le baptême du génie et la palme de la victoire. C'est Rome qui fut et, espérons-le, sera toujours le grand musée du monde.

Saint-Pierre.

Si Rome est le musée du monde, il est si vaste et si varié qu'on peut choisir et s'égarer longtemps au milieu de ses richesses.

J'aurais pu, par calcul et raffinement de jouissance, remettre au terme du voyage la visite de Saint-Pierre : j'ai suivi l'entraînement naturel, le mouvement du cœur, l'aspiration de la foi. C'est là que je me sentais attiré. J'avais besoin, avant tout, d'y aller prier, d'y offrir mon cœur et mes vœux de pèlerin. Le maître de Rome, après Dieu, c'est saint Pierre : je devais et je voulais le visiter dans son incomparable demeure.

Etrange changement! C'est au Janicule, au lieu où furent le cirque et les jardins de Néron, de ce Néron dont, pour ma part, je ne cherche pas à dissimuler la cruelle et historique figure ; sur ce Janicule où les premiers chrétiens furent allumés comme des flambeaux, où Pierre lui-même subit, la tête en bas, sa crucifixion; c'est là que se dresse en son honneur le plus fier monument du monde.

A l'exception du mausolée d'Adrien, je ne vois guère à Rome, ni ailleurs, de magnifiques tombeaux des Césars. Vainement même chercherait-on quelque part les cendres de ces maîtres du monde : leur poussière, confondue avec la poussière de la plèbe et celle des chemins, est à jamais dispersée sans honneur. Et le pauvre pêcheur de Galilée, qui vint un jour dans la grande Rome, seul et sans appui, qui y fut captif et martyrisé, maintenant assis sur ce premier trône du monde, y dicte à l'univers des lois volontairement subies. « Et, ajoute le grand orateur d'Antioche, saint Chrysostôme, les empereurs eux-mêmes ont humblement sollicité, avec les honneurs de la sépulture à l'entrée de ce temple, dont ils se faisaient presque les concierges, la protection et la sauvegarde du saint qu'on y révère. »

Ne voyons point dans ces paroles l'inspiration de l'orgueil humain ; mais que la plus haute raison, la philosophie comme la foi, y puisent sur la vertu et ses récompenses, les pensées et les considérations les plus sublimes. Bien des fois j'avais entrevu ces choses; je les ai senties sur place : l'impression est autrement profonde.

L'admiration et la critique se sont épuisées sur ce grand Saint-Pierre, et je ne conteste rien de ce que l'art et la science ont pu édicter sur cette grande œuvre si complexe, enfantée dans un siècle et demi, entreprise immense, au-dessus des forces humaines, et où les limites même du génie doivent nécessairement apparaître. Mais, je le répète, je dis mes impressions, et je le professe tout d'abord, je n'aime pas à me faire l'homme de l'objection, c'est-à-dire à négliger l'ensemble pour ne prendre dans les choses, même les plus belles et les meilleures, que le détail et les défectuosités.

Saint-Pierre est un tout immense. Il commence à cette magnifique colonnade demi-circulaire du *Bernin,* laquelle décrit et renferme cette place superbe de Saint-Pierre, avec son obélisque fameux et ses fontaines toujours jaillissantes, bien qu'en avant de cette place un grand espace vide s'étende très loin encore. En parcourant les courbes de ces triples avenues de marbre, belles et spacieuses, on s'étonne déjà de ce prodrôme unique dans son genre.

Si la façade de l'église, vue de loin, laisse à désirer et ne semble pas assez imposante, si avec ses ouvertures nombreuses et dépourvues de grandeur elle ne s'accorde pas assez avec la pensée d'un temple, et surtout du plus grand temple du monde, lorsqu'on se rapproche, on voit se détacher fortement et à distance la grande colonnade qui précède la façade et forme le péristyle, magnifique portique, terminée à ses deux extrémités par les statues équestres de Constantin et de Charlemagne. Au centre de cette colonnade, on aperçoit la *logia* ou grand balustre, d'où le successeur de Pierre bénit, aux jours solennels, la *ville* et le *monde.* Et dès qu'on est sous ce portique grandiose, de quatre-vingts mètres de longueur, tout s'agrandit : on est ému ; car, que peut être le temple, lorsque l'entrée, vaste elle-même comme un temple, a tant de grandeur ?

Comme bien d'autres, j'avais lu assez de descriptions, j'avais vu assez de dessins de la sainte basilique pour la reconnaître au premier coup-d'œil. Oui, me disais-je en y entrant, c'est elle, l'image était vraie. Mais ce n'était que l'image, c'est-à-dire l'ombre de la chose, moins la grandeur réelle, moins la nature palpable, moins le saisissant de l'œuvre gigantesque, et aussi moins les détails et les trésors cachés jusque dans les coins les plus reculés.

Quoiqu'on en ait dit de la parfaite harmonie des proportions de Saint-Pierre qui en ferait disparaître la grandeur et rapetisserait l'œuvre, ce qui serait, à mon sens, moins une perfection qu'un défaut, la première vue vous saisit et vous impressionne fortement. Il suffit d'y rester assez de temps pour que l'œil se fasse à ces proportions gigantesques. Néanmoins, il faut s'avancer, marcher, parcourir l'espace, tout voir d'un regard plus rapproché, plus curieux. Il faut s'égarer dans cette *vastitude* et accoutumer son œil aux objets qu'on considère, pour les apprécier dans leurs réelles dimensions.

Des lignes marquées dans l'axe de la nef indiquent les longueurs relatives des principales églises du monde. Mais, dans tous les sens, Saint-Pierre est hors de proportions avec tout autre édifice. Ainsi, pour fixer notre pensée, à nous Nantais, disons qu'il est de trente mètres environ plus long que le cours Cambronne, que la grande nef est beaucoup plus vaste que la grande allée de cette promenade, et l'ensemble total beaucoup plus large. La nef transversale, ou le bras de la croix, égale presque la longueur de ce cours lui-même ; et cette étonnante dimension de largeur se prolonge à peu près partout, à raison des chapelles immenses, des sacristies et autres constructions annexées aux nefs latérales.

Je le sais, le grand n'est pas toujours synonyme du beau. D'accord. Mais dans un édifice, c'est pourtant un caractère remarquable que la grandeur, et admis dans une certaine mesure, il centuple la valeur et la beauté de la construction. Il y a des chefs-d'œuvre de petite dimension ; mais agrandissez ou rapetissez certaines œuvres, et vous en aurez diminué ou multiplié le prix et l'effet. Faites, par exemple, une réduction de Notre-Dame d'Amiens, et dites si l'opération de l'artiste aura la valeur de l'œuvre du grand architecte qui devança et inspira peut-être le dôme de Cologne ?

Et qui ne sait les difficultés, les efforts surhumains qu'exige une construction presque sans mesure ? N'est-ce rien, au point de vue du beau et de l'art, de suspendre pendant des siècles, à cent quarante-deux pieds d'élévation, des voûtes de quatre-vingt-sept pieds de largeur ? N'est-ce rien de maintenir dans le vide et sur ses points d'appui une coupole plus vaste à elle seule qu'une grande église, puisqu'elle n'a pas moins de cent trente pieds de diamètre (1) ?

En architecture, comment ne pas être frappé de la grandeur imposante et de la majesté de l'œuvre ? C'est un des plus grands mérites d'un monument que de produire, à première vue et tout d'abord, une impression forte, saisissante, irrésistible ; c'est là surtout l'effet et le mérite de ce temple magnifique.

Mais l'homme de l'art et le critique ne s'arrêtent pas là ; il faut encore en étudier l'ordonnance et se pénétrer de la puissance de l'idée, car une grande œuvre n'est que la réalisation d'une idée.

Certes, je ne suis ni Bramante, ni Raphaël, ni Michel-Ange, ni Della Porta, ni Maderna, qui, successivement, contribuèrent à l'édification de Saint-Pierre. Mais j'ai

---

(1) Je me sers de préférence de l'ancienne dénomination de longueur, le mètre, pourtant si usuel, ayant à peine obtenu dans la république des lettres le droit de cité.

cherché à m'identifier à leur pensée. Ils ont voulu élever le plus grand temple au centre de cette religion qui étend sa foi sur le monde : ils ont appelé sous des voûtes sans fin toutes les nations représentées à certains jours par des pèlerins des quatre coins de la terre : ils en ont fait l'église la plus ouverte qu'on puisse concevoir. Pas de *chancel,* pas de grille ou autre obstacle entre l'autel et le fidèle, entre Dieu et l'humanité. Elle ouvre à tous ses bras maternels ; sous sa coupole accessible à la foule, elle dresse son autel catholique. Le tombeau de son chef, toujours vivant et enseignant, est là aux regards de tous. Les docteurs inspirés, les évangélistes et les prophètes veillent auprès de lui : la couronne des saints rayonne à l'entour et la coupole s'élève dans les airs, emblème du ciel où elle attire les aspirations humaines, tandis que de sa cime élevée elle domine vraiment le monde. Voilà l'idée telle que le temple l'exprime.

Qui dira l'impression de la confession (1), c'est-à-dire de cette crypte sacrée où reposent les corps des apôtres Pierre et Paul, frères par la foi, l'apostolat et le martyre, nouveaux fondateurs de la nouvelle Rome ? De leur tombeau ils parlent éloquemment et règnent sur le grand royaume des âmes.

Sur la rampe de marbre blanc qui l'entoure brûlent les cent quarante-deux lampes, emblèmes des perpétuelles prières, et les genoux des pèlerins usent à toute heure les marbres de ce saint oratoire.

Au-dessus est le grand baldaquin aux colonnes torses, d'un bronze superbe, enlevé jadis au portique du Panthéon

---

(1) On appelle confession le tombeau où repose le corps d'un martyr, et souvent ce tombeau s'élève au lieu même où le martyr confessa sa foi par sa mort.

d'Agrippa : baldaquin qui serait immense s'il ne se perdait sous cette coupole infinie. Et à deux cents pieds en arrière, au fond de l'abside, que les Romains nomment tribune, est la chaire de saint Pierre, symbole de son enseignement souverain, magnifique travail de bronze qui recouvre le modeste siége d'où saint Pierre enseigna, en effet, les premiers fidèles.

Je ne puis dire et rappeler en détail toutes les richesses de la grande basilique. Huit chapelles parfaitement décorées, que rehaussent l'éclat des marbres, la beauté des peintures murales et des tableaux, dont plusieurs sont des chefs-d'œuvre, sont encore surmontées de leurs coupoles, où les artistes illustres ont épuisé la force et la verve de leur talent. J'erre curieusement et saintement ému tout autour des nefs, et à chaque pas je me trouve en face de quelque autel splendide avec ses colonnes de marbre, de jaspe, de porphyre, ses belles peintures, ses riches tableaux; et comme dans cette église tout devrait être immortel, les éléments trop fragiles de ces peintures fixées sur la toile, transformées et reproduites pourtant à s'y méprendre, sont rendues impérissables par des cubes solides de pierres résistantes, grâce à cet art étonnant et si bien pratiqué à Rome de la mosaïque : substitution merveilleuse dont Rome semble garder le secret, qui double les chefs-d'œuvre et leur fait braver les siècles.

Là, j'ai trouvé, là, j'ai admiré et le *Martyre de Processe et de Martinien*, et la *Punition d'Anarie et de Saphir*, et la *Résurrection de Tabith*, le *Martyre de Saint-Sébastien*. Là, j'ai admiré les deux chefs-d'œuvre des chefs-d'œuvre, la *Transfiguration*, par Raphaël ; la *Mort de saint Jérôme*, par le Dominiquin. Je devais voir plus tard les toiles elles-mêmes, telles qu'elles sont sorties des mains de ces artistes, les contempler avec bonheur, y trouver un fini plus parfait encore ; mais je les avais véritablement vues à Saint-Pierre ; l'imitation va jusqu'à l'illusion et ne laisse presque rien à désirer. Ces nombreuses et immenses peintures feraient l'orgueil et la richesse d'un grand musée.

J'avance encore, et je suis en face de tombeaux magnifiques. Ils sont nombreux. Il en est dont un goût sévère a blâmé l'ordonnance, quelques détails exagérés, un style maniéré, des effets prétentieux ; mais il n'en est pas qui ne présente des beautés de premier ordre, et plusieurs vraiment, sont de tout point remarquables. Les statues d'après nature, des titulaires de ces tombeaux, presque tous des Papes, sont généralement exécutées d'une façon étonnante ; la pose, la physionomie, les délicatesses des broderies, comme la majesté de l'attitude ou l'expression du sentiment, sont rendues d'une manière exquise. Les personnages allégoriques, la Justice et la Force, la Générosité, la Charité, la Religion, la Foi, sont souvent des chefs-d'œuvre. Il en est même, on le sait, qu'on a trouvées si belles, que la conscience alarmée des Papes a cru devoir les voiler. Et quoi de plus beau que les quatre figures de ce genre aux deux tombeaux de la *tribune ?* que le tombeau de Clément XIII, dû au ciseau de Canova, ce grand et patriotique sculpteur, si heureux de vouer son talent à l'ornement des temples et à la gloire de sa patrie, et qui refusa si longtemps au grand et impérieux souverain qui foulait aux pieds les bandeaux des rois et régnait alors sur l'Italie, l'honneur plusieurs fois sollicité, d'un buste sorti de ses mains. Si quelque jour vous avez le bonheur de voir Rome, arrêtez-vous devant ce tombeau de Canova, et comme moi, comme autrefois tout le peuple romain, au jour solennel où l'œuvre de l'artiste fut découverte à tous les regards, vous admirerez au pied du monument deux lions, l'un plein de vie et menaçant, l'autre mort ou profondément endormi, si beaux, si vrais, qu'ils n'ont pas leurs pareils, et donneraient presque le frisson.

Revenez à la *Confession de saint Pierre,* et devant la crypte sacrée s'offre à vous une œuvre charmante de ce délicieux artiste, c'est le digne pape Pie VII que vous voyez à genoux sur son tombeau, devant les restes vénérés de l'apôtre ; et si ces sculptures magistrales ne vous suffisent pas, cherchez non loin de là une œuvre puissante et énergique, la *Pieta* de Michel-Ange, ce fort des forts, qui, génie précoce, exécutait ce beau groupe dans sa jeunesse, près de cinquante ans avant qu'il fût appelé à la construction du temple lui-même.

Je me perds dans mes discours comme j'aimais à m'égarer presque chaque jour dans ce Saint-Pierre, qui est une église, un musée, un monde. J'abrége et ne parlerai point de cette population spéciale, tribu héréditaire qui habite dans le temple, attachée aux soins et aux travaux qu'exigent sa conservation et son entretien. Mais je ne puis m'empêcher de parler encore de la coupole.

Si, comme tout touriste, j'en ai voulu faire l'ascension, du reste facile, ce n'était pas pour gravir jusqu'à l'un des points les plus élevés des monuments faits de main d'hommes (1); mais je tenais à juger de la coupole elle-même. En effet, pour en avoir l'idée, il faut y monter. Après avoir franchi de longs et faciles escaliers et quelquefois de simples rampes sur la toiture, on arrive à une galerie intérieure placée au-dessus de l'entablement,

---

(1) Strasbourg d'abord et la grande pyramide ensuite, l'emportent en hauteur sur la coupole de Saint-Pierre de quelques pieds.

où est écrit en lettres gigantesques : *Tu es Petrus et super hanc petram œdificabo Ecclesiam meam;* cette galerie vous permet de juger de l'effet et de cette coupole et de l'église vue de haut. L'une et l'autre vous étonnent. L'église s'allonge démesurément, les autels, les personnes qui circulent diminuent d'une manière sensible, et la coupole, considérée dans sa hauteur, vous effraie ; et, certes, vous ne pensez pas sans étonnement à la hardiesse qui réalisa le rêve du Panthéon jeté dans les airs. Il est naturel de céder au désir de faire le tour de cette galerie circulaire, et alors cette circonférence semble s'accroître par la durée qu'on met à la parcourir.

Mais on monte encore de longs escaliers, et voilà qu'une nouvelle galerie beaucoup plus élevée se présente. Quelle surprise et qu'elle impression plus saisissante ! L'œil s'effraie de la profondeur du vide, de l'éloignement, de la petitesse des objets aperçus. Pour quelques-uns, ce n'est qu'avec crainte qu'on décrit, protégé pourtant par la rampe, cette nouvelle ligne circulaire ; considérée au-dessous, la coupole paraît immense ; au-dessus, elle plane encore dans les hauteurs. Plus on veut se rendre raison par le calcul et plus la stupéfaction augmente, et c'est alors qu'on comprend que la dimension et la grandeur sont pour quelque chose dans les œuvres de construction.

Mais beaucoup plus haut encore, aux dernières zones de cette œuvre, des échafaudages étaient placés et si habilement ajustés, que, sans point d'appui en dehors, ils étaient collés, pour ainsi dire, aux parois de la coupole, et ne détruisaient en rien les lignes de l'édifice. On apercevait dans ces points élevés, sur ces échafauds qui excitaient mon admiration, des ouvriers travaillant, calmes et tranquilles, à une hauteur de quatre cents pieds, que leur œil pouvait mesurer à chaque instant, à l'appropriation et à la décoration du monument.

Cette coupole est préservée et enveloppée par une autre conséquemment beaucoup plus vaste, et c'est entre ces deux murailles qu'on parvient aux derniers sommets. Enfin, la tige qui supporte la boule, surmontée de la croix, est assez considérable pour contenir une échelle, dont on franchit les degrés pour arriver (pur amour-propre de touriste) jusqu'à ce globe, où trente personnes peuvent tenir à l'aise ; mais ce dernier résultat est assez indifférent à obtenir, puisque, complètement fermé, il ne reçoit qu'en dessous un peu de lumière et ne permet aucune perspective.

Comme dernier complément de l'idée, ce globe, figure du monde, est dominé par la croix, principe de la civilisation, de la force morale et de la consolation sur la terre.

J'en ai fini avec Saint-Pierre, aussi bien la parole rend bien mal de si grandes choses. Et pourtant n'aurais-je pas dû dire qu'il existe encore un autre Saint-Pierre, celui qui précéda le Saint-Pierre qu'on admire, celui que construisit Constantin, converti et baptisé par Sylvestre, ou tout au moins des débris importants de ce premier temple de la liberté chrétienne ; crypte solennelle, imposante et immense, peuplée encore de tombeaux de papes et d'empereurs, et qu'on ne parcourt pas sans une profonde impression religieuse. D'ordinaire, lorsqu'on a la faveur d'y être admis, c'est pour y célébrer ou y entendre la messe sur le tombeau des saints apôtres. Une petite troupe, société choisie, y prie à genoux dans un recueillement que rien ne trouble, que tout augmente. L'âme s'y pénètre suavement des saints mystères, y ressent le pieux tremblement de la foi, et la présence du Dieu qui se révèle ; et, après le sacrifice, émus et sanctifiés, prêtres et fidèles parcourent le saint labyrinthe. Un clerc de l'église vous guide, une torche à la main, sous ces voûtes profondes et obscures ; il vous montre d'antiques autels, de vieux débris de peintures des siècles primitifs, des statues intactes et le plus souvent mutilées des premiers âges, sûrs témoins des croyances et des pratiques de nos pères, les portraits conservés des premiers papes et les tombeaux sans nombre de leurs successeurs, jaloux de trouver là l'honneur de la sépulture sous la protection de leurs chefs les saints apôtres ; quelques grands personnages admis au même privilége, des rois, des reines, l'empereur Othon II, dont le tombeau, composé d'une pierre immense, avait pour couvercle un magnifique porphyre de douze pieds de long sur six de largeur, dont on a fait pour l'église supérieure la belle cuve du baptistère.

Deux fois j'ai fait ce pèlerinage souterrain dans cette crypte de Saint-Pierre, et deux fois j'en suis sorti, comme ceux qui m'accompagnaient, avec cette impression dont je parlais tout à l'heure, qui vous poursuit longtemps et ne s'efface jamais entièrement.

DEUXIÈME LECTURE.

Saint-Paul (hors des murs).

Après avoir vu et contemplé Saint-Pierre, il semblerait qu'aucun autre monument ne dût émouvoir et exciter ce vif sentiment, ce charme puissant, qui sont le prix et le bonheur d'un voyage.

Il n'en est pas ainsi. Une grande surprise, une forte admiration m'attendait encore à Saint-Paul, cette autre merveille de Rome. Saint Paul et saint Pierre, deux noms inséparables à Rome comme dans la religion, deux héros dont la mission fut la même, dont la destinée, après avoir jeté dans le monde, par la parole et les écrits, les semences fécondes de la vérité divine, devait s'achever dans la même cité de la façon la plus glorieuse; car nulle gloire n'égale ce témoignage éloquent du sang, ce sacrifice condensé de l'être humain, cette immolation par la mort à l'honneur de la religion. A juste titre donc la religion les vénère, et Rome, cette tête de l'Eglise, selon l'expression d'une hymne sacrée, brille de l'éclat de ces deux yeux d'où rayonne la lumière et la vie. L'un, plus élevé par la suprématie du rang et l'autorité universelle, et transmissible sur l'Eglise ; l'autre, plus illustre par la prédication et les travaux apostoliques ; l'un, pauvre juif, crucifié au Janicule ; l'autre, citoyen romain de Tarse, décapité sur la voie d'Ostie.

Or, c'est près de là que s'élève le beau temple qui porte le nom de ce dernier. C'est la plus ancienne des églises de Rome décorées du titre de basiliques, de ces églises qui remontent aux premiers jours de la liberté chrétienne, jusqu'à Constantin, dont le séjour à Rome a laissé des traces ineffaçables. Les annales romaines, plus fidèles et plus sûres que beaucoup d'histoires, et les monuments écrits, les plus anciens de la tradition religieuse, nous enseignent que le grand Constantin, lorsqu'il entra dans Rome, après la défaite de Maxence, était atteint de la lèpre, qu'il en fut guéri par le bain du baptême que lui donna le saint pape Sylvestre ; et que ce premier bienfait, suivi de tant d'autres qui lui assurèrent l'empire, fut le principe et la cause des grandes choses qu'il décréta et exécuta en faveur de la religion.

Non-seulement il donna la liberté de conscience, mais pour favoriser le culte sacré dont il connaissait la vérité, il construisit plusieurs basiliques et y travailla de ses propres mains (1) : les basiliques de Saint-Pierre et de Saint-Paul, aux lieux où ces apôtres avaient souffert ; la basilique de Sainte-Agnès, à la demande de sa fille Constance ; et d'autres églises, baptistères et monuments, qu'il enrichit d'une façon remarquable.

Ces premières constructions, on le sait, ont été refaites et transformées ; néanmoins, il en restait, à Saint-Paul

---

(1) De ses mains impériales il fouilla le sol avec la pioche et porta sur ses épaules douze charges de pierres, en l'honneur des douze apôtres.

spécialement, de magnifiques débris. C'était toujours, quoique renouvelée, l'œuvre de Constantin.

Des empereurs et des papes ont contribué, en divers siècles, à ces constructions et transformations de ces églises primitives, et Saint-Paul, entre toutes, était devenue une des merveilles du monde. Mais, en juillet 1823, un incendie, dont rien ne put arrêter l'intensité et les ravages, réduisit en un monceau de cendres l'édifice presque entier. L'immense toiture, en s'effondrant, versa sur la nef, sur les colonnes, les parois et les ornements, avec sa charpente en feu, une lave de métaux enflammés. Les marbres les plus durs éclatèrent, les autels, les murs eux-mêmes ne purent résister; à peine quelques débris des mosaïques et des colonnes mutilées échappèrent à cet effroyable ravage. Et la chrétienté, en apprenant ce désastre, poussa un profond gémissement.

Mais à Rome, on ne désespère jamais de rien. Léon XII, alors régnant, eut l'insigne honneur d'entreprendre l'œuvre de cette reconstruction. Il fit appel au monde, et le monde entendit sa voix. Ses successeurs l'ont continuée; Pie IX l'achève; et que Dieu lui donne encore quelques années, et la façade sera terminée et tout sera réparé, et Saint-Paul apparaîtra aussi beau et plus beau même qu'il ne fut jamais.

Saint-Paul est à deux milles de Rome environ. On y arrive du côté de la partie supérieure. Mais, pour le bien voir, pour en concevoir une plus belle idée, il convient d'entrer du côté de la façade où se trouve le péristyle élégant, formé de douze colonnes d'un granit choisi et poli, plus résistant et aussi beau que le marbre.

La basilique s'ouvre devant vous. Cinq nefs s'étendent à vos regards et se prolongent à des distances inaccoutumées. Quatre-vingts colonnes de magnifique granit, dont quarante soutiennent la nef, et quarante forment les doubles collatéraux, sont d'un effet ravissant. Ce n'est pas le sévère et le mystérieux de nos temples français et de nos églises gothiques, mais c'est l'éclat, la beauté correcte et la splendeur d'un magnifique palais religieux. La grandeur surtout vous surprend. Cette nef, de cent six pieds d'élévation, en a quatre-vingt-deux de largeur ; on se perd dans cette immensité, qu'accroît encore la légèreté des supports. Tout est ouvert et lumineux ; tout a le cachet de la plus élégante beauté.

Les marbres que vous foulez aux pieds, et dont un soin minutieux entretient la propreté et le poli, sont des échantillons superbes, habilement agencés. Les chapiteaux des colonnes, d'un marbre encore plus précieux, sont sévèrement travaillés, et soutiennent une frise où est rangée, comme avant l'incendie, mais aujourd'hui à peu près complète, la série des papes représentés en mosaïques sorties des ateliers du Vatican. Et, au-dessus, l'œil saisit encore sans peine des fresques énormes qui reproduisent tous les traits de la vie et de l'apostolat de saint Paul.

Toutes ces richesses, sans confusion, qui vous charment et longtemps captivent votre attention, ne sont qu'une partie des trésors de ce temple.

Ceci vu, je m'avançais presque seul dans cette vaste enceinte, attiré vers l'autel qui est placé, non sous une coupole, comme à Saint-Pierre, mais au centre d'un immense transept que, du bas de l'église, on peut à peine soupçonner. Un grand arc triomphal, décoré de très imposantes mosaïques, partie anciennes, partie imitées de ces produits antiques d'un art maintenant disparu, et représentant, d'après l'Apocalypse, le Christ sur le trône des cieux, environné des anges, et les vingt-quatre vieillards à ses pieds ; cet arc, dis-je, annonce la seconde partie de l'église.

L'autel de la Confession, où le corps du martyr repose avec des portions notables du corps de saint Pierre (1), est placé sous un baldaquin de forme gothique, d'un travail recherché, et qu'on trouverait remarquable et beau, s'il n'était là comme un blessant contraste. Evidemment, ce petit monument, œuvre du moyen-âge, échappé à l'incendie, est un produit saillant et respecté d'une époque qui a laissé très peu d'œuvres à Rome et même en Italie. On ne peut que s'étonner de le voir égaré au milieu des œuvres si diverses, si contrastantes de l'art grec dans sa pureté.

Le gothique aussi est un art : il a sa théorie, sa synthèse ; et nous n'en sommes plus au temps où cette esthétique, d'où sont sortis tant de chefs-d'œuvre, était traitée de barbarie et de caprice sans règle. Mais s'il a ses principes, il a aussi ses conditions d'être, et ce détail isolé, sans nulle liaison avec le reste, ne peut produire un effet satisfaisant, il offense plutôt le bon goût.

Ce baldaquin est soutenu par quatre colonnes d'albâtre oriental, présent du pacha d'Egypte. Les souverains, catholiques ou non, ont rivalisé de générosité pour décorer ce temple magnifique. Aux deux extrémités du vaste transept, s'élèvent deux autels en malachite, don précieux de l'empereur de Russie, et qui font l'admiration des connaisseurs.

De beaux tableaux, des fresques immenses ornent ces grandes murailles. Tout est éclatant, luxueux même et splendide : c'est la richesse de l'art appliquée à l'édifice le plus majestueux ; et le plafond (car c'est la forme adoptée pour les monuments de ce genre), est décoré de caissons dorés, dont les fortes saillies font ressortir l'éclat et la beauté.

---

(1) Sous l'autel de Saint-Pierre, il y a également des parties notables du corps de saint Paul, ainsi que nous l'avons dit plus haut.

Plusieurs églises à Rome ont également des plafonds plats, quoique beaucoup d'autres aient des voûtes, et même tellement hardies, qu'on s'étonne de leurs vastes proportions. Pour apprécier ces plafonds, il faut en examiner les distributions harmonieuses, les dessins variés, les détails élégants; mais il faut aussi en considérer les épaisseurs. Ces magnifiques boiseries ont souvent, avec leurs ornements, leurs fortes moulures et leurs fleurs ou statues en relief, jusqu'à deux mètres de saillie, ce qui donne à ces œuvres extraordinaires une puissance et un effet prodigieux.

La tribune ou l'abside se distingue surtout par des mosaïques qu'on peut croire d'une époque fort ancienne, et dont je n'oublierai de ma vie l'expression souveraine. J'ai été plus d'une fois surpris de ce type calme et sévère, majestueux et surhumain, donné à Rome en diverses basiliques, comme à Saint-Paul, à Saint-Jean-de-Latran, à Sainte-Marie-in-Trastevere, à la figure du Christ, à celle de la Vierge et des apôtres. C'est un style partout semblable; ce sont des formes évidemment traditionnelles, mais d'une puissance et d'une force que rien n'égale. Je les voyais pour la première fois à Saint-Paul, voilà pourquoi j'en fus extrêmement frappé.

Mais pourquoi tant de richesses et de beautés dans ce temple reculé, placé si loin du centre de la population?

Il faut, en effet, en chercher une raison déterminante et proportionnée au gigantesque de l'œuvre. Cette raison, la voici : C'est que Rome a compris qu'elle ne pouvait trop faire pour honorer, au nom de la religion, le plus illustre des apôtres, le plus puissant de ces conquérants étranges qui, il y a dix-huit cents ans, opérèrent dans le monde la plus grande révolution morale. C'est qu'elle a dû vouloir là et pas ailleurs, c'est-à-dire au lieu même du martyre, en consacrer la mémoire et y vénérer les restes sacrés. Juste hommage rendu à la force irrésistible du souvenir local, qui immortalise les faits et pénètre saintement les âmes. Cette volonté, le monde chrétien l'a ratifiée et la subit; et nul n'ira à Rome sans visiter la grande et belle basilique de Saint-Paul (hors des murs).

D'ailleurs, ce temple n'est pas complètement isolé : une garde sainte veille toujours près du tombeau du grand apôtre. Voyez ce cloître charmant, vrai bijou d'architecture gothique et qui accuse parfaitement l'époque où il fut construit (1220); sous ses arcades passent et repassent les pieux cénobites qui veillent et prient près du dépôt sacré.

Rome renferme un grand nombre de cloîtres; il en est de fort beaux, celui de Saint-Jean-de-Latran, par exemple, celui de la Minerve, qui a de la réputation, le cloître fameux aux cent colonnes de Travertin, dont Michel-Ange traça le dessin, à Saint-Bruno, dans les anciens thermes de Dioclétien; mais aucun ne m'a fait autant de plaisir que le joli cloître de Saint-Paul. Visitez avec soin ces arcades élégantes, ces colonnes incrustées d'or et de pierres, affectant toutes les formes et soutenant des arcatures légères; il est difficile de rien trouver de plus gracieux. Néanmoins, examinez de préférence ces inscriptions, ces débris de monuments antiques et chrétiens, ces sarcophages, ces urnes, ces pierres, ces bas-reliefs, ces grands hommes, ces dieux; car un musée des plus intéressants, des plus riches, est placé et rangé sous les arcades du cloître, et vous ne regretterez pas d'avoir été chercher, à deux milles de Rome, ce qui ferait pendant de longs jours le bonheur d'un antiquaire, d'un artiste, et surtout d'un chrétien.

C'est que Rome est la grande cité des souvenirs. Ses

monuments, ses inscriptions, ses marbres sont encore plus son histoire que sa parure.

Je ne dois pas abuser de la description, et ne veux pas entreprendre la visite et l'inventaire minutieux des trois cents églises de Rome. Plus d'une fois, d'ailleurs, nous aurons l'occasion et le plaisir d'y rentrer. Disons seulement, en général, que, pour l'homme d'art et de recherches curieuses, c'est pourtant une exploration pleine d'intérêt, de richesses, d'enseignements et de surprises. Assurément toutes ces églises ne sont pas de remarquables monuments; mais il en est peu qui ne renferment de véritables beautés, d'ingénieuses dispositions, de saisissants détails, et beaucoup d'entre elles contiennent de remarquables chefs-d'œuvre.

Tantôt, comme à Saint-Pierre *in vincoli,* vous tombez frappé d'étonnement devant le Moyse de *Michel-Ange ;* tantôt, comme dans la petite église de Sainte-Marie-de-la-Paix, vous restez ravi à la vue des Prophètes et des Sibylles de *Raphaël :* ailleurs, un modeste autel cache sous un rideau un merveilleux Christ du *Guide,* ou vous offre sous sa pierre une belle statue de saint Sébastien, ou de sainte Agnès. Des urnes antiques de porphyre, des colonnades superbes, des tableaux ou sculptures des premiers maîtres vous attendent là où vous les soupçonnez le moins. Un tombeau, une sacristie, un volet vous révéleront des trésors inappréciables, et vous resterez convaincu que les églises de Rome sont la plus riche exploration qu'on puisse faire.

Mais comment tout dire, et comment rendre ce qui, pour être compris, demanderait le dessin, la couleur et la dimension, trois choses que la parole ne rend pas et qui encore ne reproduiraient que bien imparfaitement la réalité ?

Sainte-Marie-des-Anges.

Je ne puis cependant résister à quelques indications encore. Nous n'avons plus, de notre temps, l'idée des grandeurs de la Rome impériale. Les empereurs avaient, pour ainsi dire, à cœur de se surpasser les uns les autres, et d'excéder dans ce qu'ils se destinaient à eux-mêmes toute mesure. Ainsi, sans parler de plusieurs autres monuments dont je pourrai vous entretenir, les Thermes de Dioclétien étaient un établissement immense. Les bains y occupaient de grands espaces, mais autour venaient se ranger de vastes et nombreux édifices, aux usages divers, et dans des proportions énormes. C'étaient des portiques pour les promeneurs, des salles de conversation, des jardins d'agrément, des bibliothèques pour les savants. La principale pièce appelée pinacothèque servait à ce dernier usage. Une des salles moindres est devenue une église de Saint-Bernard, mais c'est un détail. Un pape, Pie IV, eut l'idée de consacrer en église cette pièce immense bien conservée des Thermes de Dioclétien. Michel-Ange, cet homme propre à tout, fut chargé de l'exécution de ce projet, et il y réussit en maître. Bien que des changements aient été faits à son œuvre, elle subsiste, et voici ce que présente cette curieuse et immense église. Une salle ronde, parallèle et semblable à l'église de Saint-Bernard, sert d'entrée ou de vestibule. Par une très grande nef, soutenue par huit fortes colonnes, on arrive à la nef transversale, qui n'est autre que la pinacothèque elle-même et n'a pas moins de trois cent huit pieds de long, sur soixante-quatorze de large, et près de quatre-vingt-dix de hauteur. On y admire d'énormes colonnes de granit de quarante-cinq pieds de fût, parfaitement conservées, et que, pour éviter l'humidité, on a enfouies de six pieds dans le sol, en leur donnant des bases rapportées. L'impression est extrême, lorsqu'on entre dans ce temple aux proportions gigantesques, elle est accrue par les richesses artistiques qu'il renferme.

Dès l'entrée, la vue s'arrête avec bonheur sur une statue de Saint-Bruno, d'un calme, d'une suavité recueillie qu'on ne peut s'empêcher d'admirer. « Il parlerait, disait Clément XIV, si la règle de son ordre ne le lui défendait. » Je crois plutôt que s'il ne parle pas, c'est qu'il est absorbé dans la prière. C'est l'œuvre d'un statuaire français nommé Houdon.

Dans cette grande enceinte, on a pu placer les plus grandes toiles de Saint-Pierre, remplacées elles-mêmes par les mosaïques qui les reproduisent, le crucifiement de saint Pierre, la chûte de Simon le magicien, la résurrection de Tabithe, la punition d'Ananie et de Saphire, le martyre de saint Sébastien, chef-d'œuvre classique du Dominiquin. Ce dernier est une fresque, c'est un pan de muraille de vingt-deux pieds qu'on a eu le talent de transporter sans l'endommager de Saint-Pierre en cette église. Je ne fais qu'indiquer, et en partie, des chefs-d'œuvre. Quel est l'homme, pour peu qu'il ait d'intelligence et d'âme, qui ne soit saisi à la vue de ces grandes choses, et de ce vaste temple, heureuse transformation d'une des grandes et belles ruines impériales de Rome. Quelques-uns des manuscrits de ces bibliothèques antiques sont peut-être et sans doute au Vatican. Le génie romain moderne a conservé, copié, imprimé ces productions des anciens âges : et le génie romain a également conservé, en le transformant, en l'embellissant, le monument même où se trouvaient ces richesses intellectuelles. Ces belles ruines sont les dépouilles opimes qui parent le triomphe de la Rome chrétienne.

Saint-Pierre in Vincoli.

J'ai nommé, il y a un instant, l'église Saint-Pierre *in vincoli*, ne l'ai-je pas passée trop légèrement ? Je me rappelle, en effet, combien je fus frappé de ces restes de mosaïques antiques sur le pavé, de ces vingt colonnes cannelées de marbre grec, d'ordre dorique ; de ces nombreux *Guerchin*, un saint Augustin, une sainte Marguerite; de ces *Dominiquin*, un saint Pierre, les dessins de deux autels, les portraits des deux cardinaux qui y reposent, de ce saint Sébastien, mosaïque du VIIe siècle, mais ce qui passe tout, de la statue colossale de Moyse au tombeau de Jules II.

Ce grand pape, qui voulait en tout de la grandeur, ambitionnait, dans Saint-Pierre probablement, un tombeau à nul autre pareil. Buonarotti-Michel-Ange devait à tout prix réaliser la volonté de l'impérieux pontife. Vanité des vouloirs même souverains! Le tombeau a manqué à Jules II, car on ne peut donner ce nom au monument si médiocre qui lui a été consacré dans cette église de Saint-Pierre-ès-Liens. Mais pourtant ces ordres souverains ont enfanté un chef-d'œuvre. Michel-Ange put faire la première statue (1), c'est son Moyse, représentation colossale de cet homme si exceptionnellement grand, premier historien, premier législateur du monde, chef d'un peuple, prophète, poète sublime et type figuratif du divin Législateur. Il semble que Michel-Ange ait compris et rendu tout cela. Plus on considère cette majestueuse figure, cette pose inspirée, ce regard profond, ce geste

---

(1) Trois autres destinées à ce tombeau existent encore: un jeune guerrier représentant la Victoire, qui est à Florence, et deux beaux esclaves qui sont au Louvre.

étrange, et plus on se laisse pénétrer de la grandeur de l'idée. Les tables de la loi ou le Pentateuque dans la main, il indique et le commencement des temps et l'avenir : les yeux fixés au loin comme sur des multitudes, il commande le respect, réprime les murmures, impose à son rude peuple ses volontés; il a tant de dignité noble et simple, et tout en lui, jusqu'à cette barbe immense qui couvre sa large poitrine, est tellement en dehors du réel et surhumain, qu'on voit et on admire un homme des premiers âges, un être supérieur et comme un idéal de l'humanité. Dans cette œuvre sublime tout est parfait, même les moindres détails. On sent que l'artiste y a mis toute son âme et tout son talent. C'est le marbre devenu sous les coups d'un ciseau inspiré, aussi flexible, aussi animé, aussi vivant que possible, et je comprends que lui-même, l'heureux artiste, après un tel succès, l'ait contemplé longtemps avec extase, qu'il se soit pris d'une sorte d'hallucination, lui ait adressé sa parole intérieure, et que, surpris de son silence, il l'ait frappé au genou de son marteau, en lui disant : *Parle donc*. Ce Moyse est peut-être la plus belle œuvre de la sculpture moderne.

Je dirai ailleurs pourquoi cette église de Saint-Pierre fut primitivement construite au Ve siècle par Eudoxie, femme de Valentinien III. Elle est située entre les Thermes de Titus, cet empereur si aimé, et l'ancien Vicus Sceleratus, rue fameuse par la cruauté de Tullie, qui y fit passer son char sur le corps de Servius Tullius son père.

Dans ce jardin de Titus fut trouvé, il y a trois siècles, un autre chef-d'œuvre, le Laocoon.

Le Vatican.

Abandonnons les églises et dirigeons nos pas encore du côté de Saint-Pierre, mais non cette fois pour le visiter. Le mont Vatican, qui fait partie du Janicule, est le point culminant de Rome, non-seulement par sa position physique, mais par l'attraction puissante qu'il exerce; car là est le grand palais des Papes, là le plus grand trésor des arts. Chose assez frappante pour être remarquée, sous la main et l'influence de la papauté ont été créées ces deux merveilles : Saint-Pierre et ce palais. Je dis créés, car ce sont bien les souverains pontifes qui ont fait, enrichi, coordonné ce palais comme l'église.

Ne vous figurez pas au Vatican une belle et imposante façade, toute décorée d'œuvres d'art, comme aux Tuileries ou ailleurs. Le Vatican est loin d'annoncer ce qu'il est. C'est moins un palais qu'un amas presque confus de palais ou de grands bâtiments, dont par aucun point on ne peut embrasser l'ensemble. Les Papes n'ont pas tenu à annoncer au dehors avec splendeur, ni leur habitation, ni les richesses qu'ils gardent pour le monde. Seulement, pour en donner la signification, ils les ont comme annexées à la basilique suprême. Mais quelle annexe ! quelle immensité ! quels trésors ! On m'a dit vingt fois, et je l'ai lu partout, mais n'ai pu le croire, qu'il y avait onze mille chambres, grandes et petites, dessus ou dessous le sol, au Vatican. Pour le sûr, on y compte huit grands escaliers de marbres magnifiques et deux cents escaliers de service, et tout y est dans de telles proportions, qu'on s'y égare, et qu'on ne saurait épuiser une mine aussi riche, aussi variée.

Aux heures concédées au public, on s'y porte avec empressement. Les étrangers, le peuple, font irruption dans ces corridors et ces salles immenses. Les familles de Rome en font un but de promenade, une école de goût, une inspiration continuelle pour eux et leurs enfants. Les artistes ne peuvent s'arracher de ces lieux aimés, de ce rendez-vous des chefs-d'œuvre, de ce paradis terrestre des arts. Lorsqu'on ne fait à Rome qu'un séjour rapide, on voudrait ne pas passer un jour sans aller au Vatican. On n'en sort qu'à la dernière extrémité, contraint par le gardien, et lorsque les portes en sont fermées, on ne s'éloigne pas sans faire encore une visite à Saint-Pierre, qu'on n'a jamais assez vu, qui apparaît plus grand et plus beau; et lorsque du péristyle on porte ses regards sur la place de la Colonnade, ou si, le soir, favorisé d'une belle lueur de la lune, on contemple cet ensemble prestigieux, l'admiration vous saisit, et on a peine à échapper à cette impression qui grandit toujours et vous fascine. Je sais un ami qui y passa une nuit entière sans pouvoir s'en arracher.

Mais je reviens au Vatican. Je néglige en ce moment la demeure des Papes, des prélats qui composent leur maison, et de toute la dépendance de ce service religieux et civil du souverain. C'est le palais public que je veux décrire. Et j'en prends les trois grandes divisions principales pour en parler successivement, non pas en détail avec la minutie d'un antiquaire, ou la savante analyse d'un homme spécial, mais comme je les ai vues, et selon que j'ai pu, simple et humble profane, en saisir quelques traits : le musée, la galerie, la bibliothèque. A Rome et en Italie, on donne le nom de *musée* aux collections de sculptures, statues, vases, inscriptions, tombeaux, etc. On réserve le nom de *galerie* aux collections de tableaux ou de peintures quelconques.

Parlons d'abord du musée. C'est incontestablement, dans l'espèce, la plus grande et la plus riche collection.

Chacune de ces divisions porte, selon l'usage invariable de Rome, avec des dates, le nom des Papes qui les ont créées et formées. Elles sont nombreuses, et toutes ont une extrême valeur et étendue.

La première ou galerie lapidaire est de Pie VII, ainsi que le musée Chiara-Monti. Là se trouvent les inscriptions et les débris antiques les plus précieux. Le sacré et le profane marchent de pair, celui-ci à droite, l'autre à gauche, et témoignent que les papes ont eu un soin égal de favoriser la religion et la science, et prouvent qu'ils n'ont jamais séparé ces deux éléments de la vérité : les vases, les urnes funéraires, les cippes, les sarcophages, les bas-reliefs, les moindres débris, recueillis, classés, rangés chronologiquement, forment la collection la plus intéressante qui soit au monde. L'antiquaire, le classique, le poète, le théologien, le simple curieux, y trouvent tous les éléments les plus variés et les meilleurs, et l'artiste, les indications techniques, les détails traditionnels et souvent des modèles.

Bien éloigné de ces dédains de l'ignorance qui perd ou néglige, ces maîtres de la science, ces pères des arts, ont tout recueilli, tout apprécié, et de ces fragments épars ont érigé aux uns et aux autres un monument splendide et presque complet.

J'ai parcouru chaque jour ces musées successifs, ces arcades, ces salles sans fin, où la sculpture brille de toute sa splendeur. Je n'ai pas la prétention de juger en maître, mais je parlerai d'autant plus librement, que mes appréciations ont moins d'autorité. A Rome, tout homme qui a du goût et quelque étude, devient non pas artiste, mais amoureux des arts. C'est à ce titre que j'ose exprimer, tant bien que mal, mes opinions et mes impressions personnelles.

Là donc, dans les nombreux musées du Vatican, j'ai appris à connaître l'antique, j'ai vu ces vieilles statues des belles époques d'Athènes et de Rome, et je les ai admirées.

Malgré la fierté de nos âges modernes et le talent de nos sculpteurs ; malgré les chefs-d'œuvre enfantés par les artistes depuis la Renaissance et de nos jours, la palme reste à l'antiquité, à ces hommes qui, peut-être, s'attachaient plus sévèrement à leur art et y consacraient des efforts plus persévérants, à ces hommes qu'exaltaient sans doute davantage les applaudissements des peuples et que soutenaient les récompenses de la patrie, à ces artistes inspirés par une plus belle nature et dirigés peut-être par des principes plus sûrs.

Le grave et le gracieux, le sacré et le profane, l'homme et la nature, tout a été traité avec supériorité par ces hommes forts ; et bien que la généralité de leurs œuvres ne nous soit pas parvenue, les épaves des âges et des révolutions sont assez nombreux, assez importants pour nous fournir dans tous les genres des modèles achevés. La majesté et la grandeur, la simplicité et la grâce, la pureté exquise des formes, la perfection et le naturel des poses, le fini désespérant des détails, la mâle ou suave expression des passions, les délicatesses du sentiment, les magnifiques ensembles dans une constante unité, rien ne manque à ces compositions antiques. Le Vatican a accumulé et réuni tous ces chefs-d'œuvre, et dans les dix-huit cents sculptures antiques que ces musées renferment, vous aurez cent fois la démonstration de ce que j'énonce.

En vérité, c'est une noble et vive jouissance de parcourir ces incomparables galeries, soit que, sous sa propre inspiration, on erre pour ainsi dire à l'aventure, s'abandonnant aux chances de ses impressions, soit que, guidé par un esprit exercé, par un familier du *Palais et de ses détours,* on tombe plus juste, et plus sûrement, sur ces pierres précieuses qu'on pourrait ne pas apercevoir ou mal apprécier à leur valeur.

Mais, après tout, comme on ne marche qu'au milieu du beau, — et dans ce pays de merveilles on peut s'égarer sans danger, — qui ne remarquerait ces marbres vivants, ces héros, ces dieux, ces groupes animés, ces salles entières toutes pleines de chefs-d'œuvre, comme la salle du Belvédère ? Qui ne s'arrêterait devant ce torse énorme d'un héros ou d'un dieu, débris qui vaut son pesant d'or et dont Michel-Ange se disait l'élève, tant il l'avait étudié ? Qui ne remarquerait ces bustes romains, ces philosophes grecs, ces lutteurs, ces discoboles, ces déesses de la beauté, cet Antinoüs, cet Apollon du Belvédère, cette Minerve Medica et tant d'autres moins fameux, presque aussi beaux, qui souvent ont au même degré l'attrait et le charme ?

A peine ai-je pu, sous la fascination de ces belles œuvres, admirer en passant d'antiques mosaïques, des vases splendides, d'antiques bronzes, des marbres superbes, des colonnes magnifiques qui soutiennent, parent et décorent ces salles que vous traversez.

En visitant nos musées de Paris — et je n'oublie pas combien ils sont devenus beaux et riches, — j'ai souvent remarqué que la foule ne se porte pas du côté de la sculpture. Il n'en est pas ainsi à Rome, soit que de plus grandes richesses, une plus grande perfection, agissent plus puissamment sur les spectateurs, soit que le goût des arts soit lui-même plus développé.

Il est vrai, le tableau a pour lui la couleur, l'ensemble plus complet de l'action et une action plus vive. L'imagination de l'artiste se donne une plus large carrière ; il est plus maître de son sujet et des moyens d'illusion. Mais lorsque la sculpture est parfaite, lorsque l'énergie de la pensée et le sentiment de la vie sont passés dans la pierre, quelle puissance dans cet être complet, qui n'est pas seulement une image, qui est une réalité qu'on touche et dont on saisit les contours et les formes ! En certains cas, du moins, et ici il s'agit de chefs-d'œuvre, la peinture remplacerait difficilement le marbre. Quel peintre rendrait avec sa palette la déchirante scène, le formidable épisode du Laocoon ? Malgré les mutilations et les additions, qui n'est bouleversé jusqu'au fond de l'âme à la vue de ce héros, de ce père plus malheureux encore de la douleur de ses fils que de la sienne, et qui, dans sa mâle expression, rappelle même son noble amour de la patrie ?

Mais loin de moi la pensée d'établir un parallèle inutile. Issues de la même famille, et l'une et l'autre filles de l'imagination et du génie, la sculpture et la peinture sont sœurs. Elles marchent au même but et se complètent par leurs travaux.

Aussi, est-ce avec une jouissance également vive qu'on passe, au Vatican, des musées de sculptures à la galerie des tableaux. Il y a à Rome deux galeries publiques de tableaux, au Vatican et au Capitole. Cette dernière est beaucoup plus considérable. On y compte jusqu'à deux cent quarante tableaux. Au Vatican, au contraire, il y en a moins de quarante, mais tous sont des chefs-d'œuvre. C'est même pour réunir et rappeler ces premiers chefs-d'œuvre de l'art et faciliter ainsi les études sérieuses, que Pie VII forma le dessein de cette galerie, complétée par ses successeurs, et tout visiteur qui en profite pour sa propre jouissance, peut comprendre tout le prix d'un tel service. On ne peut entrer dans cette galerie que comme dans un sanctuaire, tant les diverses toiles qui la composent sont d'une exquise beauté. Le petit nombre même de ce choix de chefs-d'œuvre permet de les voir à l'aise, de s'y arrêter, d'y faire d'utiles comparaisons et de doubler, par ce continuel parallèle, le bonheur de ces révélations du génie. Là se trouvent, mais en trop petit nombre, des œuvres de Raphaël, de sa première manière, alors qu'élève du Pérugin et recherchant avant tout le sentiment et la piété, il suivait, trop servilement peut-être, les traces de son maître.

J'ai beaucoup examiné et vu avec bonheur ses petites peintures qu'on appelle les Mystères, et son couronnement de la Vierge, ainsi que le même sujet, et une Résurrection, traités par le Pérugin, maître habile et suavement inspiré, bien digne d'avoir, non formé, mais précédé Raphaël, car Raphaël n'a été formé que par la nature : c'est Dieu qui lui avait donné son génie. Toutefois, Pérugin, coloriste distingué, praticien consciencieux, avait une suavité de sentiment et une délicatesse de détail qu'on ne peut oublier, même devant les chefs-d'œuvre de son élève. Sans doute, celui-ci donna plus de liberté à ses compositions, plus d'harmonie à sa couleur. Il en ménagea plus habilement les teintes et les effets, il devint un peintre plus parfait. Mais il n'égala plus, dans les sujets religieux, la pieuse impression, la sainte inspiration de son maître : il ne fut plus, sous ce rapport, l'égal de lui-même, et ses compositions religieuses, ses nombreuses madones, ses saintes familles, expressions sublimes des beautés de l'ordre naturel, n'ont plus rendu l'idéal sacré, la beauté surhumaine du Christ, de la Vierge et des anges.

Et pourtant quel génie que Raphaël? Comment n'en être pas pénétré en présence de ses œuvres, en face de sa Transfiguration et de sa Vierge au donataire. La premiere surtout que les maîtres mettent au premier rang de la peinture, et que le thermomètre financier de l'art estime 1,500,000 fr. Un tableau, cependant, dans l'appréciation de plusieurs, lui dispute le prix : c'est la Communion de saint Jérôme, du Dominiquin. Ces deux toiles incomparables ont été placées dans la même salle, en face l'une de l'autre, sur des châssis tournants, également bien exposés ; et les regards ravis et incertains du spectateur se portent sans cesse de l'une à l'autre avec un étonnement toujours croissant.

Dans sa Transfiguration, Raphaël voulut dire son dernier mot. Il y répandit tous les trésors de son génie hardi, toutes les ressources de son imagination féconde, toute la suavité du sentiment uni à la majesté et à la force, toutes les finesses de son art. Son Christ est divin, sa vertu propre le transfigure et l'élève ; Moyse et Elie ne sont déjà plus de la terre, ni soumis à la loi de la pesanteur. Des trois apôtres, Jean, le jeune et bien aimé disciple est, si j'osais dire, charmant. Ce qui se passe au premier plan, sur la terre, est plein d'émotions ; les détails de toutes les têtes et les poses sont habilement traités ; la scène extérieure, le paysage ne laisse rien à désirer, et, si le coloris n'avait souffert, cette toile merveilleuse serait, et elle l'est encore, la plus haute expression de l'art de peindre.

Comment l'œuvre de Dominique Zampieri, le fils du pauvre cordonnier de Bologne, peut-elle rivaliser avec ce chef-d'œuvre ? C'est que la composition, quoique plus simple, est également pleine de grandeur, que tous les personnages sont admirablement rendus, que saint Jérôme est bien le saint vieillard usé par la pénitence et l'étude, qui voit par l'âme le Dieu qu'il reçoit, que le pontife est le plus beau des hommes dans ses splendides vêtements orientaux, le diacre qui l'accompagne et porte le calice, la femme, sainte Paule probablement, respectueusement agenouillée, qui soutient et baise le bras du saint docteur, tous les assistants, et les anges qui planent dans les cieux entr'ouverts, sont d'une perfection, d'un fini irréprochable.

La couleur a conservé tout son éclat, l'âme est saisie et satisfaite, la critique n'a rien à reprendre. La conception et l'exécution égale à l'inspiration et de tout point parfaite, donnent vraiment l'idée d'un chef-d'œuvre.

Comment s'expliquer que ce magnifique tableau ait été longtemps rangé parmi les œuvres ordinaires? C'est à notre Poussin que Zampieri ou le Dominiquin doit d'occuper, et pour toujours, la place qui lui est si légitimement due.

Au reste, les œuvres du Dominiquin sont nombreuses, et dans toutes on reconnaît le maître. Mais celles de Raphaël d'Urbin, sont bien plus nombreuses encore. On s'étonne que ce jeune homme délicat, ami de l'élégance, du luxe même et des plaisirs, dont la vie d'artiste n'a duré que quelques années — il est mort à 37 ans — ait pu produire tant de merveilles; on s'étonne encore plus que son génie se soit maintenu au même niveau, et le Vatican en fournit les preuves les plus incontestables.

Les loges et les chambres de Raphaël.

Bien des villes d'Italie, et Florence plus que toute autre, possèdent des chefs-d'œuvre de Raphaël, mais le Vatican a ses premiers et ses plus beaux titres de gloire. Qui n'a entendu parler des Loges et des Chambres de Raphël? C'est là qu'il faut voir l'artiste dans le déploiement de sa force. Aux Loges la richesse variée, l'élégance et la grâce. Dans les *stanze* ou chambres, la puissance, la grandeur de la pensée et du génie.

Les *Loges* ne sont que des arcades ouvertes, comme un cloître, sur une des cours du Vatican. Comme il arrivait souvent à cette époque, Raphaël fut l'architecte de ces arcades, de même qu'il en fut le peintre. C'était donc en plein air et pour braver les injures du temps que Raphaël entreprit ces peintures célèbres, sur les ordres de l'illustre Léon X. Ces Loges ont trois étages superposés, le premier ne renferme que des peintures champêtres, le troisième ne fut décoré que longtemps plus tard, c'est au second que se trouvent les peintures fameuses de Raphaël. Treize arcades composent cette galerie, quatre tableaux sur la voûte de chaque arcade, cinquante-deux en tout, forment cette épopée artistique : abrégé biblique depuis la création jusqu'au Cénacle.

Tous ces sujets furent dessinés par le Maître, l'œuvre entière lui appartient, mais il crut suffisant d'en achever lui-même la première et la dernière scène. Ce sont les plus belles, et elles sont sublimes.

A la première on voit Dieu sortant, pour ainsi dire, de son éternité, planant sur le néant, prononçant le tout puissant *fiat*, et à la dernière, le fils de Dieu, rayonnant d'amour, créant, aux yeux de ses disciples ravis, bien plus que la création matérielle, le plus adorable de ses mystères.

Tous ces sujets, exécutés en demi-grandeur dans de charmants encadrements, sont délicieux à voir; représentés par la gravure, et ils ont dû l'être, ils feraient la plus belle *illustration* d'une bible, et seraient dignes du texte sacré. Ils deviendraient infailliblement l'ornement de toutes les bibliothèques.

Les arcades des Loges sont soutenues par des pilastres

dont Raphaël a fait également les merveilleux ornements. Ces ornements provoquent de ma part quelques réflexions. Le siècle de Léon X, qui fut en Italie le siècle des arts, et à ce titre enfanta tant de saintes merveilles, fut aussi un siècle profane, je dirais presque païen. Voisin de la Renaissance, il en subit beaucoup trop l'influence. L'antiquité tout entière, c'est-à-dire non pas seulement ses littératures, ses idiômes et son bon goût, mais sa mythologie avec tout son cortége et les licences de ces cultes impurs, les excès des poètes et des artistes qui en étaient l'expression, firent irruption surtout en Italie, pénétrèrent partout dans les écrits, dans les mœurs, dans la poésie et les arts, et jusque dans les sanctuaires, et, par un alliage qu'on pourrait appeler sacrilége, vinrent souiller parfois les œuvres les plus pures.

Les meilleurs esprits ne résistèrent pas à cet entraînement : ils auraient cru manquer à leur gloire et accuser une infériorité de savoir ou de goût, s'ils n'avaient sacrifié au culte des faux dieux.

De là une déviation étrange de l'art chrétien, et des mélanges inexplicables, et nulle part ils ne sont plus sensibles que dans ces Loges de Raphaël. A la voûte, les choses saintes, les grandeurs religieuses, tous les grands traits de l'histoire humaine et des justices divines, et, près des malédictions suprêmes, tout près de ce déluge inondant la terre qui *avait corrompu sa voie,* le grand peintre a traité avec une dangereuse perfection, avec amour, des scènes coupables, les scandales de l'idolâtrie, les lubricités de ses dieux et les désordres des passions humaines.

Ailleurs, dans un palais mondain, dans le temple du plaisir, on pourrait concevoir les sollicitations du talent à raison des attraits de ces sujets riants et enchanteurs;

mais au Vatican, et comme commentaire des saintes pages de la Bible, cela ne se comprend pas, ou du moins ne s'excuse pas

Il faut ajouter que jamais le ciseau antique, dans ses œuvres les plus fines, dans ses arabesques les plus recherchées, dans la reproduction la plus variée et la plus vive de la nature animée ou morte, ne déploya plus de perfection. Peut-être même dans l'agencement et la disposition des produits de la terre, des scènes de la vie humaine et des plus ingénieux symboles, quelque esprit *transcendant* croira-t-il retrouver une philosophie, toute une synthèse de la nature. Ce que j'y vois, c'est que le grand artiste et le grand poète n'a pas voulu que, même en ce genre, où les anciens étaient si avancés, le génie antique n'eût pas rencontré en lui un rival.

Quelque belles et ravissantes que soient les Loges, les Chambres ou Stanzes de Raphaël me semblent d'un bien plus haut intérêt, soit que les sujets par leur ampleur frappent plus vivement, soit qu'on y voie davantage le travail et le génie personnel de l'artiste, soit que ces grandes scènes de l'histoire et de la religion, accessibles au regard et presque au toucher, qui vous enveloppent de toute part, vous transportent, pour ainsi dire, dans l'atelier même du maître.

C'est Jules II qui donna à ce jeune peintre d'Urbin, dont on parlait beaucoup, l'ordre de peindre ces grandes chambres de son palais, et qui, à la vue du premier chef-d'œuvre exécuté par l'artiste, la *Dispute du Saint-Sacrement,* fit effacer ce que d'autres célébrités, mais inférieures, avaient déjà peint sur les murailles. Là, sous l'inspiration de Jules II et de Léon X, Raphaël conçut et exécuta rapidement ces magnifiques compositions.

Dans une de ces vastes salles et en face l'une de l'autre,

Raphaël a posé la *Dispute du Saint-Sacrement* et l'*Ecole d'Athènes*. La première, toute remplie de suavité religieuse et de symbolisme sublime, range autour de l'eucharistie les plus illustres docteurs qui ont écrit sur ce mystère; et dans les cieux, les anges et les saints, en présence de la Trinité adorable, prosternés devant l'agneau, célèbrent la même foi. L'autre représente à Athènes la réunion des Sages, de ces philosophes fameux dans l'histoire, rapprochés et groupés, dissertant ou enseignant, ou livrés à leur méditation profonde, comme pour mettre les champions de la science et les forts de la raison en présence des docteurs de la foi. Autant on contemple avec respect le tableau chrétien, autant on admire cette étonnante réunion de Sages, si variés, si différents d'attitudes, d'attributs, de costumes et d'expression. Sans le savoir, on sent, on se persuade que tel devait être chacun de ces philosophes, tant il y a de convenance entre tous ces détails et ce que l'histoire nous apprend de ces hommes célèbres. Pas de confusion, tout est savamment distribué, tout est noble et élevé.

Plusieurs de ces figures sont d'autant plus précieuses, qu'elles sont les portraits des plus illustres de ce temps.

Cette chambre est d'une beauté extrême, et je ne veux pas relever encore une fois cette manie, à mes yeux si choquante, d'avoir troublé l'harmonie contrastante de ses magnifiques peintures par un Parnasse complet composé d'Apollon, des muses et des poètes.

Non moins belle est la Stanze de l'*Incendie du Bourg*. Inspiré de l'incendie de Troie et de la touchante description de Virgile, le peintre a rendu l'émouvant spectacle des citoyens s'empressant pour éteindre les flammes, le désespoir des mères cherchant à sauver leurs enfants; les uns descendant demi-nus le long des murailles, un père recevant dans ses bras le jeune enfant que la mère s'efforce de lui faire atteindre, un fils, comme autrefois Enée, portant son vieux père sur ses épaules; la douleur, l'effroi, le désespoir, tandis qu'à un plan reculé, on aperçoit le saint pape Léon qui, par sa bénédiction, éteint l'incendie et sauve son peuple.

La chambre d'Héliodore (1) a tout particulièrement le mérite de captiver les visiteurs. Et ce n'est pas seulement par ce trait fameux de l'Ecriture, admirablement rendu, et par cet autre grand fait de la religion et de Rome, la retraite d'Attila à la présence de saint Léon, que l'artiste a courtoisement représenté sous les traits de Léon X. Ce qui attache, surtout dans cette salle, c'est cette peinture au-dessus d'une croisée, représentant saint Pierre dans sa prison et délivré par un ange. Précédant le célèbre peintre Gérard *della notte*, et se jouant avec les difficultés, Raphaël, dans cette belle peinture divisée en trois compartiments, a reproduit trois effets différents de lumière. A gauche, les gardes, sur les degrés extérieurs, s'éclairent avec une torche qui lutte contre un faible clair de lune; au centre, l'apôtre apparaît à distance, derrière une grille, l'ange illumine de sa clarté céleste la prison, les chaînes et l'apôtre : l'illusion est ravissante et l'effet est surprenant; à droite, enfin, ils sortent l'un et l'autre à l'aube du jour, encore éclairés par un nouveau reflet du céleste conducteur. On se sépare avec peine de ce joli chef-d'œuvre.

Puis vient enfin la salle de Constantin, la grande bataille de Rome, le Labarum dans les cieux, le Prince fidèle, glorieux et sûr du triomphe; Maxence abîmé dans le Tibre, les horribles scènes du carnage, tempérées par l'héroïsme et par la vue d'un père soulevant son fils mourant.

(1) Héliodore, profanateur du Temple et flagellé par les Anges.

Le dessin seul de ce tableau appartient à Raphaël ; son plus cher disciple, Jules Romain est l'auteur, comme peintre, de cette grande œuvre, et fut souvent, en d'autres circonstances, le coopérateur de son illustre maître. C'est un des beaux tableaux de ce genre, un bel ensemble, une bouillante mêlée, de l'ordre dans cette confusion, des groupes distincts, les principaux traits mis en relief et saisissants, en tout une puissante énergie.

Je ne puis m'arrêter à tous les accessoires, souvent très beaux et parfois admirables, de ces Chambres. J'en ai dit assez pour en donner une faible idée, et la parole la plus habile et la plus savante ne rendra jamais l'effet que produisent ces merveilleuses peintures.

Je le répète, en finissant, bien que Raphaël soit ailleurs et toujours grand, il faut pourtant l'avoir vu à Rome et au Vatican pour mesurer sa grandeur, admirer et aimer son génie.

Et pour nous, Français, qui ne connaissons que nos toiles, nos tableaux à l'huile, à la vérité souvent très beaux, quel étonnement de retrouver partout en Italie et dans les œuvres les plus magnifiques, la fresque et toujours la fresque ! Il semblerait presque qu'à l'exemple de Michel-Ange, qui la traitait d'efféminée, ces grands maîtres auraient dédaigné une autre manière et ne l'auraient pas jugée digne des peintures monumentales.

Sûrs de leur idée et de leur *faire,* ils abordaient hardiment cette peinture, qui n'admet pas la retouche. Ils traçaient à grands traits et dans des proportions que la toile comporte rarement. Ils avaient aussi le mérite, que des hommes complets comme eux peuvent seuls comprendre, de subordonner les arts décoratifs, la magistrale peinture elle-même, à l'architecture, dont elle est dans les monuments une dépendance.

Mais qu'on ne se persuade pas que ces fresques soient ternes et sans éclat. La plupart, après des siècles, conservent un magnifique coloris. Plusieurs ont le brillant de nos belles toiles, et ne se rapprochent pas, comme trop souvent nos essais en ce genre, des couleurs effacées de la grisaille ; elles ne s'obscurcissent pas, comme nos tableaux, au moindre reflet d'un jour douteux, mais elles produisent constamment leurs puissants effets, dignes à tous égards de la préférence que leur ont accordée les maîtres.

Je me suis demandé si cet art était perdu de nos jours; si à Rome et maintenant on trouvait des artistes capables, non pas seulement de restaurer, mais de peindre et de rappeler les grandes traditions. Eh bien! j'ai eu à Saint-Jérôme-des-Esclavons, près du Tibre, dans la rue Ripetta, la réponse à cette question. J'ai vu dans cette modeste église deux fresques immenses, représentant, l'une, l'*Adoration des Mages,* l'autre, le *Crucifiement de Jésus-Christ.* Ces vastes et belles compositions m'ont frappé autant par l'exécution éclatante et habile que par la disposition de ces grandes scènes. Il me semble que ces fresques, dans une de nos grandes églises de Paris, feraient une vive sensation. Je les préférerais à presque tout ce que j'ai vu de peintures modernes. Le souffle de l'inspiration religieuse y a soutenu et animé un véritable talent, et je me plais à nommer l'auteur de ces deux belles peintures, M. Gaillardi.

TROISIÈME LECTURE.

Chapelle Sixtine.

Je crains de paraître long, et cependant je sens combien tout ce que je dis est incomplet.

Il me reste à parler, avant de quitter le Vatican, de la chapelle Sixtine et de la bibliothèque.

Dans la dernière lecture, j'ai dit mon admiration pour Raphaël, et analysé de mon mieux mes impressions à la vue de ses chefs-d'œuvre. A vingt pas de là, tout près de ces galeries et de ces chambres, est la chapelle que Sixte IV fit bâtir (1474) et que, d'après les ordres de ce pontife, Michel-Ange était appelé à décorer, la même année (1508) où son jeune rival peignait ses Chambres et ses Loges. Michel-Ange aussi était jeune; il n'avait que trente-huit ans quand il commença ces étonnantes peintures. Jusque-là, seulement statuaire, il dédaignait de manier le pinceau; l'usage de la fresque lui était inconnu. On sait qu'il fit venir de Florence les plus habiles dans cet art, saisit leurs procédés, les renvoya bientôt, pour se renfermer seul dans ces grands murs nus avec son génie; et là, dans une méditation profonde, obstinée, soutenu de la science sérieuse et de la poésie, il enfanta ces merveilles que depuis trois siècles et demi l'on ne se lasse pas d'admirer.

En entrant dans cette chapelle Sixtine, simple carré long et sans architecture, où je savais trouver les œuvres capitales, diversement appréciées, de Michel-Ange, je m'efforçai d'apporter la plus consciencieuse impartialité. Je considérai, j'étudiai longtemps ces œuvres immenses qui couvrent ce plafond de cent pieds d'étendue sur quarante de large, et ce grand mur qui termine la chapelle, où se déploie la scène incomparable du Jugement dernier. Je cherchai à pénétrer profondément dans la pensée de l'artiste, à m'en pénétrer moi-même. Plus je considérai, et plus l'impression grandit en moi. Au bout de quelque temps, je me sentis envahi par la puissance invincible de ce géant. Et depuis, la vue de ces chefs-d'œuvre m'a tellement subjugué, qu'ils sont restés dans ma pensée comme le *nec plus ultrà* de la force de l'art et de la puissance du génie.

Il n'est pas convenable, il n'est pas permis peut-être de classer les hommes trop éminents, tels que Michel-Ange et Raphaël, deux noms également grands, deux génies admirables, quoique différents. Néanmoins, s'il fallait assigner à l'un ou à l'autre le premier rang, malgré le charme ineffable de Raphaël, malgré la séduction de son pinceau, la suave et mélancolique beauté de ses productions variées, Michel-Ange m'apparaîtrait plus étonnant encore. L'un a tout le charme de la grâce, l'autre toute la majesté de la puissance; l'un est plus aimé, mais l'autre admiré davantage. Le premier a peint la nature et l'a rendue avec une grâce que rien n'égale; mais le second dépasse la nature, son génie lui a inspiré un idéal, un surhumain qui vous domine et vous fait reconnaître en lui, non plus un homme, mais comme un génie supérieur auquel on ne peut atteindre.

Parmi les peintres, Michel-Ange ne peut être comparé qu'à lui-même. On cherche où il s'est inspiré, qui a été son maître. D'autres ont cherché à l'imiter, et n'ont pu y parvenir; et lui n'a suivi les traces de personne. C'est, par ses œuvres, un homme d'un autre temps, en dehors des réalités de son époque et même de l'humanité. Il remonte, par sa hardiesse et son grandiose, à ces temps primitifs où tout, dans les faits comme dans les personnages de l'humanité, avait des proportions et un cachet qui nous dépassent. Semblable à son Moyse, à ses prophètes, c'est l'homme des premiers âges. Tout au moins il est l'Homère de la peinture, comme Raphaël en serait le Virgile. Homère peut avoir ses négligences, ses simplicités et ses rudesses, mais quel poète égale ses grandeurs et ses sublimités? C'est qu'à force de simplicité, et tout rapprochés de la première nature, ses tableaux sont d'une merveilleuse grandeur. Tel m'apparut Michel-Ange. Mieux que personne il a lutté contre les difficultés du surnaturel et du divin, rendu les plus grandes scènes que la religion puisse présenter à l'art. Loin de fuir ou d'atténuer les difficultés, il les aborde de front, il les accumule et en triomphe. Ses œuvres ont un cachet étrange, un colossal qui vous confond. Si l'une d'elles était unique, on pourrait croire à un effort extraordinaire, à un coup sublime et presque fortuit du génie qui aurait épuisé sa vitalité; mais en les voyant si nombreuses et toutes revêtues de ce caractère gigantesque vraiment *surnaturel* et inimitable, on ne peut s'empêcher de reconnaître en lui le roi dominateur de l'art.

La chapelle Sixtine fournit de cette assertion une preuve frappante. Aux murs latéraux, des maîtres distingués ont peint des fresques remarquables ; partout ailleurs on serait frappé de la belle ordonnance et de la gracieuse et savante exécution de ces grandes scènes; en face des peintures de Michel-Ange, on ne peut s'y arrêter. Et cet homme est si puissant, ce géant est si fort, qu'auprès de ses majestueuses figures, le reste ne semble plus que le travail de quelque faible jeune fille.

J'ai parlé du plafond de la chapelle. Michel-Ange l'a divisé, pour le peindre, en un grand nombre de compartiments, afin de séparer et encadrer ses sujets. Là se trouvent les faits primitifs de l'humanité : Dieu se balançant sur le cahos, l'animant de son souffle divin, composition marquée au coin d'une grandeur inusitée, d'une originalité puissante et fière, sublime comme le récit de la Genèse ; là on voit l'homme déjà créé et recevant de la bouche de Dieu son principe immortel; là, enfin (chef-d'œuvre incomparable, où cette fois la grâce le dispute à la grandeur), la femme sortant des flancs de l'homme et s'inclinant avec reconnaissance et suavité vers son auteur.

C'est sur ce plafond et autour de ces faits bibliques que sont représentés les fameux prophètes et ces fameuses sibylles que Raphaël lui-même et d'autres après lui ont cherché à reproduire, mais qui feront à jamais le désespoir des peintres.

Qu'est-ce que ces hommes ? En quels temps ont-ils vécu ? Quelles pensées surhumaines les agitent ? Que va-t-il sortir de ces fronts inspirés, de ces yeux qui percent les nuages de l'avenir ? de ces athlètes des combats sacrés ?...

Qu'est-ce que ces femmes, dont l'inspiration n'est plus aussi élevée, aussi pure, mais dont l'aspect étrange, puissant et beau, commande pourtant le respect ?...

Indépendamment de ces grandes peintures, c'est par centaines que des figures de saints ou d'anges et des tableaux complets se présentent dans toutes les parties et dans les divers ornements de cette page immense. Jamais peintre ne déploya sur une surface égale plus d'invention, d'imagination et de talent.

Ce qui ajoute à l'étonnement, c'est la fougue avec laquelle ce génie produisit ces chefs-d'œuvre : moins de deux ans suffirent à une si grande tâche. Le pontife impatient, Jules II, qui, déjà vieux, craignait de ne pas jouir de ce beau triomphe, trouvait ce temps encore trop long. « Quand finiras-tu ? » disait-il au peintre qu'il visitait quelquefois jusque sous ses voûtes.—« Quand je pourrai, » répondait sagement et fièrement l'artiste. Et le pontife, en courroux, menaçait d'abattre les échafaudages. Mais s'il s'emportait un instant, il faisait faire des excuses et comblait de présents l'artiste, qu'il aimait et craignait de perdre. Nobles temps, nobles hommes. La souveraineté et le génie se reconnaissaient et se donnaient la main.

En faisant compter 3,000 ducats (150,000 fr. environ), le pontife agissait en prince, en rival des Médicis; mais il ne pensait pas payer ce qui est sans prix. Michel-Ange avait trente-huit ans quand il décorait ces voûtes.

Vingt ans plus tard, à la demande de Clément VII, il peignait sur le mur du fond le *Jugement dernier*. Michel-Ange était un savant, un homme universel. A l'étude des sciences, à la pratique de son art, il joignait l'amour de la poésie. Le grand poète du moyen-âge, le Dante, allait surtout à son génie, et les descriptions de ses cercles terribles l'ont sans doute inspiré. Mais, avant tout, il était chrétien ; la foi ou le sentiment vif et pénétrant des choses sacrées, la science approfondie de la religion, de la sainte Ecriture, des auteurs ecclésiastiques, fécondaient son inspiration.

Aux prises avec la scène la plus imposante et la plus terrible qui se puisse concevoir, après huit ans de travail et d'efforts, Michel-Ange a laissé une œuvre qui pénètre d'effroi et d'admiration ceux qui savent la voir. Tout y est terrible et effrayant, tout y glace d'épouvante ; à peine les plus saints, les plus illustres dans ce grand jour y sont-ils rassurés. Nul d'entre eux ne peut supporter le regard terrible du souverain juge. C'est le *Dies iræ* dans toute son horreur, l'universel effroi de la nature ébranlée et de l'humanité secouée dans ses sépulcres, *per sepulchra regionum*.

D'incroyables scènes représentent avec une incomparable énergie les morts soulevant la pierre, les coupables glacés de stupeur, et les vices s'attachant aux pécheurs avec les serpents et les démons ; et les abîmes éternels béants sous les pas des damnés, sous le regard ineffable du Dieu irrité, pendant que les élus, protégés par les instruments de leurs supplices, s'approchent et s'élèvent vers le ciel qui s'entr'ouvre.

D'autres ont peint cette dernière péripétie de l'humanité : Fra Angelico, de Fiezole, au dôme d'Orviette, Cousin, de Sienne, et bien d'autres ; mais quel bras pourrait rendre, à l'égal de Michel-Ange, la terreur majestueuse et lugubre de ces grandes assises où se décident les destinées éternelles du monde ?

La critique, je le sais, s'est exercée sur cette œuvre. On a relevé dans cette immense peinture l'uniformité de la couleur, l'exubérance de certains détails, des nudités excessives. Mais a-t-on dit et assez remarqué la perfection du dessin, le mérite étonnant de mille difficultés vaincues, des poses, des raccourcis, des entassements comme impossibles, des groupes d'une hardiesse et d'une exactitude incroyables ? Peut-on nier l'effet irrésistible de ces effrayantes figures, de ces épisodes saisissants et terribles ? Ces nudités excessives, je l'avoue, surtout avec la délicatesse de nos mœurs, ne sont-elles pas excusées, justifiées par le sujet même, et sans danger, à raison de l'impression générale et toute puissante de cette scène ?

Ceci remet en mémoire ce fait si connu du maître des cérémonies du pontife, qui, l'accompagnant le jour où l'œuvre fut découverte pour la première fois, exprima vivement ses scrupules, et à la vue de ces corps nus, compara la chapelle à une salle de bain ou à une exposition de boucherie. Quelques jours après le portrait du téméraire critique figurait piteusement, avec des oreilles d'âne, dans un des groupes des damnés, ce dont ce prélat se plaignit avec indignation et amertume ; mais le pontife lui dit en souriant : Je n'y puis, hélas ! rien faire ; s'il vous eût mis en purgatoire, j'aurais cherché à vous en tirer, mais en enfer je n'ai plus de puissance, *in inferno nulla est redemptio*.

C'est en présence de ces incomparables chefs-d'œuvre que s'accomplissent les plus grandes solennités du culte catholique ; c'est là que se tiennent le plus souvent, et notamment aux grands jours de la semaine sainte, les chapelles papales. Je n'ai point eu le bonheur d'assister à ces dernières solennités, mais j'étais à Rome aux fêtes de la Toussaint ; j'ai assisté aux offices de la veille et de la fête ; j'ai vu officier, dans la chapelle Sixtine, le saint Père, l'auguste Pie IX, dont pour la première fois je prononce le nom, et que je salue en passant, comme l'homme étonnant de notre époque, fort dans sa faiblesse, calme au sein des orages, inébranlable dans sa mâle confiance comme sur ce trône qu'agite et cherche à mouvoir des millions de bras ; mais ce n'est pas le moment d'en parler. Je dis seulement qu'on est heureux de l'avoir vu, et aussi d'avoir assisté, dans ce merveilleux sanctuaire, aux plus imposantes solennités du culte chrétien. Quelques privilégiés, car l'espace est restreint, et de ce nombre quelques femmes, mais voilées, sont admis à ces solennités.

Le saint cortége arrive peu à peu et remplit le double rang de banquettes où siégent les cardinaux, et plus bas, jusqu'à leurs pieds, les prélats d'un ordre inférieur qui les accompagnent. Un vif mouvement de curiosité accueille les Cardinaux qu'on cherche à nommer, et qui ont des attributions diverses; mais l'émotion est au comble, et les femmes se lèvent pour mieux voir, lorsque le fameux Cardinal ministre fait son entrée(1). Tous généralement ont une grande aisance sous leurs longues robes traînantes ou relevées, selon que la circonstance du moment le demande. Des chefs d'ordre ou des prélats distingués occupent les derniers rangs ; et enfin le saint Père sort de la sacristie, revêtu de la tiare et de ses magnifiques ornements, précédé d'une multitude de prélats qui doivent l'assister dans la *fonction*. Là, plusieurs d'entre eux occupent des places ou remplissent des emplois en apparence minimes. J'ai vu Mgr Lavigerie, actuellement évêque de Nancy, porter la croix dans la cérémonie, à peu près comme ferait un de nos enfants de chœur. Mais tout est grand dans le culte sacré. Le saint Père attire tous les regards : ce beau vieillard, si majestueux et si digne, pieux et recueilli comme serait un ange, célèbre les saints mystères avec une indicible onction. Tantôt tout le collége des cardinaux abandonne ses places et vient se ranger

---

(1) Son Eminence Antonelli.

en cercle et s'unir à sa prière, tantôt seul il élève la voix et domine l'assemblée qu'il préside, pendant que les chants de la musique sacrée de la chapelle papale se font entendre et produisent leurs puissants effets.

Deux choses me frappaient : la première, c'était la vue de ce sénat de l'Eglise par lequel et dans le sein duquel est toujours élu le pontife suprême de la religion, où se trouvait le successeur de ce saint pontife, s'il convenait à la Providence de terminer bientôt ses épreuves ; la seconde, c'était de prier avec lui, uni de si près à sa pensée et à ses vœux, émotion bien profonde pour un cœur chrétien, mais qui s'accroît de la piété ravissante du pontife et même du charme étonnant de sa voix. Je répète ce que sait Rome tout entière : la voix de Pie IX a une puissance et une douceur inouïe ; elle convient merveilleusement pour ces pompes sacrées, pour bénir les multitudes, la *ville* et le *monde*. J'ai entendu les voix de sa chapelle ; il y en a de fort belles, mais aucune ne m'a paru l'égaler.

Ne serait-ce pas le lieu de dire un mot de cette musique de Rome ? Il en est de deux sortes ; malgré les prescriptions souvent renouvelées du cardinal vicaire, la nature italienne l'emporte, et les Romains exécutent de temps en temps des musiques légères en style moderne et passablement fioriturées. De ce genre étaient les vêpres que j'entendis à Saint-Pierre le jour de la Toussaint. Les cinq psaumes et les antiennes furent chantés en musique assez mondaine, sans interruption, soit de psalmodie, soit de plain-chant. Dans son genre, c'était beau, exécuté avec une facilité étonnante et un ensemble parfait. Quelques semaines plus tard je devais entendre mieux encore, mais toujours dans le même style, dans une église de Bologne. On célébrait une fête. Deux tribunes placées en face l'une de l'autre contenaient, ici les instrumentistes et là les chanteurs fort nombreux qu'accompagnaient seulement aux deux extrémités deux instruments de cuivre. Je n'ai jamais entendu chanter avec une pareille aisance, une semblable habileté. La nombreuse assistance paraissait charmée, et ces fêtes musicales se répètent souvent dans les diverses églises de Rome, à l'occasion des anniversaires qu'on y célèbre presque chaque jour.

Mais cette musique n'a que peu de rapport avec celle de la Sixtine. Au XVI⁰ siècle, lors de l'invasion du paganisme par la Renaissance, dans la musique comme dans la peinture, l'Eglise s'émut; le concile de Trente, dans ses décrets de réforme, s'occupa de cette grave matière; une commission fut nommée, dont saint Charles faisait partie. Le pape Marcel II, alarmé, voulut proscrire ces musiques efféminées, énervantes, capables de corrompre les cœurs. L'anathème et la proscription sans retour étaient déjà préparés, lorsqu'un véritable artiste, Palestrina, demanda grâce pour cet art sublime : il pensa avec juste raison qu'on pouvait lui faire rendre de mâles et purs accents, dignes de la sainte austérité de la religion. En preuve, il se hâta de produire quelques compositions vraiment religieuses, entre autres la messe dite du *pape Marcel*. Cette messe, exécutée en présence de la cour romaine, ravit tout le monde : le Pape, en l'écoutant, dit qu'il croyait entendre le concert des anges, et la cause de la musique fut gagnée.

Palestrina est l'auteur du système musical encore en usage à la chapelle des Papes : système sévère et grave où les mélodies n'ont rien de ces expressions molles, sensuelles et passionnées des œuvres modernes, et tiennent le milieu entre l'antique plain-chant et la musique mondaine : système néanmoins plein de ressources et d'effets profonds, pénétrants, par la puissance et la richesse de l'harmonie, lorsque des voix nombreuses et pures attaquent à la fois tout ce que l'échelle musicale peut offrir de notes concordantes, comme pour faire parler en même temps toutes les voix de la création.

J'avoue que, pour saisir ces effets et s'en pénétrer, il faut certaines dispositions et peut-être quelques études. Mais il en est ainsi de tous les arts. Les inexpérimentés goûteront-ils tout d'abord les plus savantes et les plus applaudies des compositions de nos grands maîtres ? Et les plus belles choses n'ont-elles pas besoin d'être longtemps goûtées et apprises ?

Il y a, au reste, comme il convient dans cette langue liturgique, le style simple, expression ordinaire de la prière, et les effets sublimes qui traduisent les grandes émotions, les scènes des jours les plus solennelles, alors que cette langue inspirée déploie toutes ses richesses, toute sa magnificence ; et, soit qu'elle gémisse sur les incomparables malheurs de Sion, soit qu'elle exhale les tristesses et les déchirements du repentir, soit enfin qu'elle sanglote avec la mère des douleurs au pied de la croix, elle pénètre les cœurs, bouleverse les âmes et ravit d'admiration (1).

Il y a donc une véritable valeur, une sorte de perfection dans cette musique, qui rehausse et anime ces scènes religieuses dans la merveilleuse chapelle.

La bibliothèque.

Peu s'en est fallu que, dans mon ignorance, je ne visse pas la bibliothèque vaticane. Pensant n'y trouver qu'un

---

(1) On sait que les *Jérémiades*, le *Miserere*, le *Stabat*, sont les morceaux les plus admirés de la semaine sainte.

immense trésor d'érudition, je ne me sentais pas en mesure d'en profiter, ni de l'apprécier d'une façon utile. J'avais tort de toute manière. Il est important de se convaincre par soi-même de l'extrême sollicitude de la papauté pour recueillir toutes les richesses intellectuelles, de cette largeur de vues qui embrasse tout dans les sphères de la science. Je ne sais pas s'il est une bibliothèque au monde qui l'emporte sur celle du Vatican : les plus belles collections sont venues successivement l'enrichir depuis le pape Saint-Hilaire jusqu'à Nicolas V, à l'époque de l'imprimerie; depuis la collection de l'électeur Palatin jusqu'à la bibliothèque de la reine Christine, et les manuscrits grecs, et les orientaux, et les palimpsestes des Bénédictins, et les autographes les plus rares. Cent mille imprimés, trente mille manuscrits sont là dans ces salles immenses commencées par Nicolas, continuées par Sixte-Quint, ornées, décorées, peintes avec un goût, une science, une érudition surprenantes. Indépendamment des manuscrits et des livres, les collections les plus curieuses, les objets d'art, d'antiquité, de religion les plus précieux, contribuent à faire de cette bibliothèque une merveille sans égale.

Je dus à un heureux hasard de saisir un peu la valeur de ces richesses. En vain, bon nombre d'interprètes polyglottes se tiennent à l'entrée; tout est fermé dans cette bibliothèque; de riches armoires peintes renferment les livres et autres objets; il faut être guidé.

Mais nous fîmes la plus heureuse rencontre. L'ami qui m'accompagnait reconnut un familier de la maison. C'était l'illustre Dom Pitra, actuellement son Eminence, ce moine français, honneur de notre pays, qui n'a vécu et ne vit que pour la science, qui, jeune encore, a parcouru l'Angleterre, l'Allemagne, les pays du Nord, et a su trouver partout dans les bibliothèques des richesses inconnues, qui, en Italie et surtout à Rome, a élu domicile dans ces nécropoles intellectuelles dont il connaît tous les quartiers, tous les habitants, bénédictin digne de ce nom, aussi modeste qu'il est savant, aussi pieux qu'il est érudit, et dont Pie IX, par une inspiration spontanée qui l'honore, a récompensé de la pourpre les profondes études, les beaux livres et les vertus.

Sous ses auspices, nous fûmes conduits et guidés de manière à bien voir. Nous touchâmes de nos mains des manuscrits de Pétrarque, de Bocace et du Dante, un Virgile du Ve siècle, un palimpseste qui a restitué aux lettres le second livre de la *République de Cicéron*, l'exemplaire du livre d'Henri VIII contre Luther, qu'il fit offrir à Léon X par son ambassadeur, avec sa respectueuse dédicace, etc., etc. Nous vîmes encore les plus jolies miniatures sur vélin, les premiers essais de la peinture italienne et tout ce que les premiers siècles chrétiens peuvent offrir de plus curieux aux recherches des archéologues.

Pour contenir tant de trésors, il faut que cette bibliothèque soit immense; elle l'est en effet, et c'est avec une surprise croissante qu'on en parcourt les diverses parties qui se succèdent comme par enchantement. Une salle de deux cents pieds de long, partagée au milieu par des pilastres, donne accès, sur les côtés, par de vastes couloirs, dans des chambres nombreuses : suivent des salles plus longues encore. Tous les murs sont peints par des maîtres habiles; les origines des sciences, les grands inventeurs, les faits importants de l'histoire sont retracés aux regards du spectateur; des objets du plus grand prix, présents des souverains, tels que des vases magnifiques donnés par Napoléon Ier à Pie VII, par Charles X à Léon XII, ajoutent à la magnificence de ce local; il serait difficile d'imaginer une salle plus curieuse. C'est là que l'été dernier le saint Père recevait, dans un grand banquet, tous ces évêques accourus à son appel de tous les coins du monde.

Il faut des journées pour voir à la hâte ces grands dépôts de la science, des lettres et des arts. Chaque jour pendant plusieurs heures on peut y pénétrer, le savant y butine à son aise, et des interprètes complaisants et habiles, de nombreux employés sont là pour l'aider dans ses travaux et le diriger dans ses recherches. Pour nous, nous ne pûmes que voir rapidement et admirer.

Le Vatican! que de temps ne faudrait-il pas encore pour en indiquer toutes les richesses. Je passe, sans en parler, près de la chapelle Pauline, parallèle à la Sixtine, où brille encore le génie de Michel-Ange, et près de celle de Nicolas V, où m'attireraient pourtant les œuvres d'un autre génie dont l'inspiration toute religieuse et vraiment angélique comme son nom, excitaient au plus haut point mon admiration. Fra Angelico de Fiesole, quel nom à part dans la peinture sacrée! mais nous le rencontrerons plus tard, et nous en parlerons plus à l'aise.

Remarquons seulement, avant de quitter le grand palais, l'atelier des mosaïques d'où sont sortis tant de chefs-d'œuvre, reproduction fidèle d'autres chefs-d'œuvre, et qui, maintenant, décorent les palais et les temples, et spécialement Saint-Pierre de Rome, qui n'a pas d'autres peintures, et Saint-Paul, hors des murs, ainsi que nous l'avons déjà fait observer. Il est intéressant d'assister à ce travail exécuté avec de bien simples éléments. Sous la direction d'un artiste du plus grand mérite, une multitude d'autres artistes reproduisent d'abord au trait leur modèle, et puis avec des cubes assez grossiers, plus ou moins forts selon le degré de délicatesse et la grandeur du tableau, ils agencent sur un cadre et empâtent dans un enduit leurs figures et tous les détails de la toile. Ce n'est point comme aux Gobelins une œuvre presque mécanique, le coup-d'œil, le goût, l'habileté du dessin sont nécessaires pour le trait, pour le choix des innombrables nuances, et la science des effets. Et lorsque le travail s'achève, un frottement et une sorte de limage donnent à ces compositions un poli qui fait illusion au regard et imite le glacis de la peinture vernie. Le saint Père peut être fier de son atelier de mosaïque; par elle, il rend impérissables les peintures que le temps dévore. Il y a quelques mois, la reine d'Espagne fit courtoisement cadeau au Pape d'un joli *Murillo*. Ce tableau est charmant, et ce don était vraiment un sacrifice. Pie IX l'a accepté, mais bientôt il pourra le rendre à la reine. J'ai vu le travail, il demande un an encore, et l'Espagne, en recevant cette mosaïque, n'aura rien à regretter.

Oui, il faut en convenir en créant et complétant de telles œuvres, de telles collections, et, pour tout résumer, en offrant et conservant au monde son Vatican, la Papauté a dignement rempli sa mission et bien mérité de l'humanité.

De quelques palais.

Le Vatican et tout ce qui relève du Pape a, nous l'avons vu, un caractère d'universalité. Je veux dire que tout y appartient à tous. On ne peut s'imaginer avec quelle liberté tout le monde est admis à le parcourir, à circuler dans ces cours et ces belles collections, et dans les appartements même du palais. Or, il faut dire que les autres palais de Rome appartenant aux grandes familles, participent également de cette condition. La ville de Rome est pour le Monde et non pour elle. Tout ce qu'elle a de précieux doit être à la disposition de ses visiteurs. Il y a vingt palais et plus — et quels palais! — qui sont dans ce cas, et subissent cette loi.

J'entendais dire une fois à un étranger : il y a peu de musées à Rome. Cela est vrai des musées appartenant à l'Etat : il n'y en a que deux, celui du Vatican et celui du Capitole. Mais les trois cents églises ne sont-elles pas des musées ? et les palais des familles patriciennes, également toujours ouverts, ne forment-ils pas la collection la plus riche et la plus belle ?

Je n'en nommerai que quelques-uns. Assez près du Tibre, est le palais Borghèse. Une cour vraiment princière annonce cette splendide demeure. Quatre-vingt-seize colonnes de granit soutiennent les galeries des deux étages; deux ordres différents donnent à la construction la variété et l'élégance, et dans de grandes et nombreuses salles sont contenus mille chefs-d'œuvre de peinture. A quoi bon les nommer ? Il faut les voir. Cependant il n'est personne, on le comprend, qui ne sente ce que doivent valoir la Fornarina de Raphaël, les Quatre Saisons de l'Albane, délicieux petits chefs-d'œuvre ; de splendides Rubens, des portraits par Titien et Jules Romain, figures vivantes et qui sortent de la toile, et enfin une des merveilles du Dominiquin, la Chasse de Diane, l'une des grandes peintures, qui, par sa grâce, l'animation de la scène et la beauté des personnages, attire tous les regards. Un peintre habile la reproduisait dans toute sa grandeur. Une jeune fille, car beaucoup de Romaines s'adonnent à la peinture, la copiait aussi dans un cadre réduit. Belle, d'une beauté sévère et fière, d'une taille haute et élancée, artistement vêtue, la tête ornée de sa noire et abondante chevelure, cette jeune fille ressemblait à son modèle. Sa mère, qui travaillait à quelque distance, l'encourageait et la protégeait de sa présence, et semblait jouir doucement de son talent et de sa beauté.

La famille Barberini, qui a donné à l'église des cardinaux et le pape Urbain VIII, a aussi son palais. Ce que j'y veux seulement mentionner, c'est d'abord une des plus riches bibliothèques qu'on puisse voir. On n'y compte pas moins de cinquante mille volumes, et une multitude de manuscrits. Ce sont, en second lieu, les peintures extraordinaires de la grande salle. C'est un des grands luxes de ces demeures, que les fresques qui recouvrent des voûtes et des murs considérables. Ici, Pierre de Cortone a fait son chef-d'œuvre. Comme les peintres de ce temps, il a, avec une grande érudition sacrée et profane, avec une verve et un talent puissants, célébré et presque apothéosé ses mécènes. La Gloire et la Religion, Hercule et la Charité, l'Eglise et la Prudence, la Providence et Minerve et les Titans, la Religion et la Foi, la Volupté et l'Ivresse, tout s'unit et se confond pour rappeler les hauts faits et les grandes destinées de la famille. Il faut bien croire, quelque extrême que fût cette confusion, qu'à cette époque, toute cette mythologie était un langage accepté et un moyen plus artistique de traduire sa pensée.

Il paraît pourtant que cette famille des Barberini n'a pas toujours, aux yeux des Romains, bien mérité des arts, ni échappé à tous les sarcasmes, puisqu'on leur applique ce mot spirituel et méchant : « Ce que n'ont pas fait les barbares, les Barbarini l'ont fait. »

Quod non fecerunt barbari, fecerunt Barbarini.

Peut-être parce que leur palais fut construit en partie, comme le Farnèse, des débris du Colysée : peut-être parce que Urbain VIII fit enlever du portique du Panthéon le bronze dont il était recouvert.

Commencé par San Gallo, le palais Farnèse, dont Michel-Ange a été le principal architecte, est le plus splendide de tous. Il forme un carré parfait, la cour est magnifique ; trois ordres de colonnes variées indiquent les divers étages ; et là, comme dans le précédent, la grande salle est revêtue de fresques monumentales. Elles sont d'Annibal Carrache et son chef-d'œuvre. C'est dire qu'elles ont une extrême puissance, un très grand éclat. Annibal Carrache est l'artiste qui, après Michel-Ange, me paraît avoir le plus de force et d'énergie. Néanmoins, dans cette composition, il a joint au même degré la grâce à la puissance. Onze grands tableaux, huit moindres, et une foule de figures et d'ornements, forment cette magnifique composition. Cette fois c'est de la mythologie toute pure, les allégories les plus ingénieuses, les scènes les plus variées de la vie, et peut-être, j'aime à le croire, dans l'intention de l'auteur, des vérités morales résultant de toutes ces situations de l'existence humaine sont admirablement représentées. Cette page immense est incontestablement un chef-d'œuvre. Après l'avoir vue, on ne visite plus qu'avec un intérêt secondaire le reste du palais également décoré par la main des grands maîtres. Depuis un siècle et demi, ce palais est passé des Farnèse dans la famille des Bourbons de Naples. Voilà pourquoi François II, ce malheureux prince à qui la fortune, l'amitié et la famille ont été si infidèles, l'habite actuellement.

De l'autre côté du Tibre et à l'autre extrémité de Rome, se trouve un palais qui appartenait également aux Farnèse, et qui s'appelle Farnésine, sans doute à cause de sa moindre importance. On va visiter la Farnésine, non pour la mémoire de son fondateur, le fameux Chigi, riche parvenu, banquier de Léon X, prodigue et dissolu, ami des arts, et qui a fait souche de famille princière ;

mais pour voir les belles fresques peintes par Raphaël, représentant dans tous ses épisodes la fable de Psyché, pour voir surtout le triomphe de Galathée qui est bien certainement l'œuvre personnelle du grand artiste et en a la touche inimitable, tandis que le reste a été exécuté par lui, mais à l'aide de ses élèves.

Il est curieux d'entendre dans tous ces palais les réflexions intelligentes des cicerones, et de voir l'amour propre avec lequel s'identifiant avec la demeure, ils exaltent l'œuvre des maîtres, la prééminence de leur talent, et aussi l'illustration de leurs patrons.

Voilà donc les somptueuses et magnifiques demeures que Rome offre en toute liberté avec tous les trésors qu'elles renferment à la curiosité de ses habitants et du Monde. Ailleurs les propriétaires élèvent des barrières, closent leurs murs et rendent inaccessibles leurs richesses, ou n'en réservent la jouissance qu'à quelques rares privilégiés. A Rome, ces grandes familles ne se croient nobles et riches que pour le public, leurs palais inaliénables sont le domaine de tous, et ces richesses même, ces trésors artistiques ne doivent être ni cédés, ni dispersés. Par un règlement d'administration qui peut sembler excessif, nul objet d'art ne doit sortir des Etats romains sans une constatation et des formalités qui mettent obstacle à l'appauvrissement artistique de cette capitale des beaux-arts.

Mais ces palais de la ville ne suffisent pas. Il faut encore des lieux de promenades, des villas au dehors où la population entière puisse affluer et jouir en liberté des plus beaux domaines. Et certes, elle n'y fait pas faute. A ses jours et à ses heures, la villa Doria Pamphili, et la villa Borghèse, demeures dignes des rois, sont envahies littéralement par la multitude. Je renonce à donner une idée de ces somptueux palais, de ces parcs enchantés. Les immenses verdures, les ombreuses allées, les bois épais, les ruisseaux, les lacs, les statues, les portiques, les temples, rien n'y manque ; et lorsque vous pénétrez dans la demeure même, à la villa Borghèse surtout, vous trouvez un musée tellement riche, une collection de marbres, de mosaïques, de statues antiques ou modernes, romaines, grecques, égyptiennes tellement belles, des peintures et des fresques d'un tel mérite, que vous restez surpris d'admiration. Et pourtant, il y a cinquante ans à peine, le prince Camille Borghèse, qui avait épousé la princesse Pauline, sœur de Napoléon Ier, céda pour huit millions à ce beau-frère dont les désirs étaient des ordres, un premier musée dont notre Louvre s'est enrichi, et que le musée Borghèse actuel commence à remplacer.

La villa Doria, la villa Borghèse font les délices et l'admiration des étrangers. Il fait beau voir les brillants équipages des riches visiteurs de toutes les nations, se dirigeant sur les routes de l'une et de l'autre, tandis que les Romains, que rien n'étonne, les laissent passer sans y prendre garde.

Le Pincio.

Pour visiter ces villas, il faut sortir de Rome ; mais il existe dans la ville même une promenade vaste et belle, d'un aspect saisissant, et qui est pour Rome un véritable bienfait. A Rome, tout le monde se promène ; la promenade est hygiéniquement nécessaire. A certaines époques spécialement, elle est prescrite à tous : c'est une condition du climat.

Aussi, pendant les dernières heures du jour, les rues s'animent, tout se met en mouvement. On suspend les affaires, les dames se parent, on attelle les équipages, les chevaux piaffent, et la société tout entière se dirige vers le Pincio.

Et où trouver une promenade plus attrayante ? Située

sur une colline élevée d'où rien ne gêne la vue, elle domine la ville et la campagne, et s'étend depuis la belle entrée de Rome, la porte del Popolo, jusqu'à la place d'Espagne.

De cette place on s'élève à la Trinité-du-Mont (1) par un immense escalier de marbre, doux et facile, tel que les Romains savent les faire. Arrivé au sommet, vous voyez le palais devenu, depuis 1666, l'Académie de France, et entrez par une belle avenue dans le Pincio, aux mille détours, aux vertes pelouses, aux allées ombragées, aux riches massifs. De tous côtés s'étale une végétation tropicale et un choix d'arbres, d'arbustes et de fleurs varié et splendide.

Souvent je m'y rendais aux dernières heures du jour, et j'y trouvais réunie la société tout entière, je veux dire tous les éléments qui la composent. Les patriciens y abondent, mais le peuple est loin d'en être exclu. On y voit les riches familles de Rome et les aristocraties étrangères traversant les allées sablées et se croisant en tous sens dans leurs brillants équipages, mais les simples mortels dans les plus modestes *corricolo* prennent rang dans le cortége. Les familles au complet, parents et enfants, les mères suivies de *bonnes* aux élégantes coiffures, tous les ordres, tous les états, s'y montrent également. Le prêtre, à son tour, dans son simple costume de ville, le moine avec son froc, y sont nombreux; car à Rome, et généralement en Italie, le prêtre est considéré comme un des éléments de la société et de la famille. Il est partout, et nul ne s'en étonne; on ne l'éloigne pas plus du monde que l'avocat ou le médecin. Dans toute réunion honnête on le trouve à sa place, et j'en félicite et le prêtre et les populations qui ont ces intelligentes pensées.

---

(1) Cette église est un établissement français et la maison mère des Dames du Sacré-Cœur.

Fréquemment, à quelque rond-point, une harmonie se fait entendre, on y accourt et on écoute ; car à Rome on aime la musique, on la goûte, elle est populaire. Tout le monde sait, en France, la valeur de quelques musiques de nos régiments; mais on donne la préférence aux musiques pontificales, dont l'exécution est ordinairement plus parfaite et plus délicatement sentie. C'est que, il faut bien le dire, et nous pouvons en convenir sans honte, nous avons fait mentir la prédiction du poète romain :

Tu regere imperio populos, Romane, memento, etc. (Virg.)

C'est à nous qu'il est donné de régner sur le monde, et c'est à eux qu'est dévolu le sceptre des arts.

Bien des fois j'ai senti un vif plaisir à écouter ces délicieuses harmonies qui m'arrivaient à travers les massifs, pendant que s'épanouissaient près de moi les mille trésors d'une riche nature, et qu'une population vive et variée inondait tous les sentiers et jouissait de cet air calme et doux qui précède la nuit.

Avant de quitter ces lieux enchantés, je suivais jusqu'à son extrémité l'avenue qui forme la terrasse, et j'arrivais au-dessus de la magnifique place du Peuple, cette digne entrée de la Ville, reine du monde, de la religion et des arts. Je voyais à mes pieds ces deux grands hémicycles ornés de statues et de fontaines jaillissantes, ces vastes monuments et les deux belles églises qui les cernent ; au centre, le grand obélisque égyptien ; devant moi, cette grande artère de Rome, le Corso ; tout près, sur ma droite, les merveilles des jardins Borghèse ; et en face de moi, je contemplais la vue vraiment incomparable de Rome, surtout à ces heures, lorsque l'œil embrasse l'horizon immense, le cercle imposant des montagnes de la Sabine, les collines qui soutiennent la ville, le Tibre qui l'arrose, les palais qui l'entourent ou qui l'embellissent, et les vastes plaines qui s'étendent jusqu'à la mer, lorsque sur l'azur du soir se dessinent les innombrables monuments, les vieux temples, les grandes ruines, les gracieuses églises, les tours élevées, les coupoles sans fin, les obélisques, les forums, les thermes, et au-dessus de tout, vers l'Occident, l'immense dôme de Saint-Pierre, la gigantesque coupole qui domine la ville entière, surmontée de la croix que dorent les rayons du soleil.

Une fois, le ciel était superbe, des nuages frangés d'or formaient draperie autour du soleil, dont Dieu seul arrêtera, quand il le voudra, la marche triomphale; et pendant que je contemplais avec ravissement cet imposant spectacle, tout-à-coup (c'était à la fin d'octobre), les nuages s'épaississent, s'amoncellent et enveloppent d'ombres sinistres l'astre qui s'abaisse à l'horizon et disparaît sous ce manteau de mort. Et je songeais malgré moi à ces mauvais jours qui ont plané et planeront peut-être encore sur Rome; je pensais aussi à ces ténèbres sous lesquelles certains esprits de nos jours, comme d'autres avant eux, espèrent ensevelir l'astre chrétien. Grand Dieu! me disais-je, serait-ce une image, un symbole de l'avenir?...

Ma pensée s'achevait à peine, que l'éclipse se dissipait déjà; les nuages s'étaient brisés d'eux-mêmes, les rayons du soleil les avaient transpercés. Avant de se reposer dans son sommeil, l'astre avait triomphé, il s'abaissait radieux et plein d'éclat, pour inonder la terre de ses feux le lendemain, comme il avait fait la veille.

Christus heri, hodiè, et in sæcula....

QUATRIÈME LECTURE.

Des monuments de Rome païenne. — Quelques mots d'archéologie.

Quelque magnifiques que soient les monuments de Rome chrétienne, il est impossible de ne pas être surpris et frappé d'admiration à la vue des monuments de la Rome antique. Leur nombre, leur grandeur, leur beauté merveilleuse vous saisit de stupeur, et vous donne, plus que toutes les histoires, l'idée de ce peuple, de cette ville surtout, et de cette puissance concentrée sur un même point et longtemps dans un seul homme.

On le sait, les dominations, les révolutions et les dévastations qui en sont la conséquence se sont accumulées à Rome plus qu'ailleurs. Les ruines donc s'y sont entassées; et, de même qu'en géologie, on suit, par les diverses couches des terrains, les révolutions et les cataclysmes terrestres : ainsi l'histoire et l'archéologie trouvent à Rome, à diverses profondeurs, les débris fossiles des dominations successives.

Nul sol n'égale en richesses de ce genre le sol de Rome :

ailleurs, l'historien et l'antiquaire sont heureux, lorsque, sur le point qu'ils explorent, de patientes études découvrent un titre ou un débris. Ici les monuments, les ruines, les preuves matérielles abondent, et la science se donne un perpétuel festin. Quelque explorée que soit cette mine incomparable, de riches filons existent toujours. Depuis l'origine de ce siècle, on y a découvert d'immenses musées. Comme je le disais naguère, le riche musée Campana, dont Paris est fier, a déjà à la ville Borghèse presque un rival.

Les palais des Césars, qu'on croyait pour jamais enfouis ou complètement explorés, nous gardaient encore des richesses ; et on lisait, il y a quelques jours, que les fresques des jardins de Livie, récemment découvertes, le disputaient à celles de Pompéi, et qu'une statue — d'Auguste peut-être, — digne de Phidias, attirait l'admiration des artistes.

Il suffit même à l'archéologue et à l'historien de se rendre compte de ce qui se montre à tous les yeux et à la surface, pour arriver à de grands résultats. En interrogeant avec sagacité les vieux débris de Rome, Ampère a admirablement reconstruit la ville, ses monuments, ses mœurs, et donné à ses récits merveilleux la vie, le charme et l'illusion de la réalité.

Tous ces monuments sont si nombreux, qu'on les rencontre à chaque pas, et si étonnants qu'on ne peut les contempler à la légère. Rome tout entière est même un seul monument immense, formant un ensemble sublime, où les arcs de triomphe, les forums, les colonnes, les obélisques, les temples, les basiliques, les aqueducs, les arènes, se touchent de toute part.

L'état de vétusté, de ruine, ajoute encore à la magie, ou plutôt à la grandeur imposante et à l'impression philosophique du spectacle. Les forums ont été enfouis. C'est à de grandes profondeurs qu'on a trouvé la base délicate des colonnes de ces temples, rivaux de ceux d'Athènes.

Ces arcs sont mutilés, ces marbres si riches dégradés, remplacés; les vainqueurs y ont substitué les récits de leurs victoires aux récits des vaincus.

Le temps a bien dévasté ; mais plus terribles vingt fois, les guerres, les séditions intestines, les barbares du dehors ont renversé, profané, dépouillé les bronzes, l'or et le fer qui paraient ces grandes œuvres.

Rome opprima le monde, et, sous cette oppression, le monde tributaire fut contraint de construire à son tyran les monuments les plus gigantesques. Les esclaves et les vaincus, par cent et cent mille, travaillèrent jour et nuit, et firent souvent en quelques jours, pour le caprice du maître, l'œuvre de plusieurs années. Mais le monde à son tour s'est vengé, et aucune ville n'a subi aussi souvent et d'une façon plus terrible la représaille des dévastations.

Brennus et ses fiers compagnons, et les Romains dans leurs guerres civiles, Totila, Genseric, et les autres barbares, et le moyen-âge avec ses guerres continuelles, nous conduisent, comme une chaîne presque ininterrompue, à ce connétable de Bourbon, qui fit éprouver à Rome, pendant six semaines, le sac le plus horrible et les indignités les plus affreuses dont une ville puisse être victime. Ne nous étonnons donc pas que les collines de Rome aient presque disparu, que son sol soit nivelé, et que les richesses des civilisations passées gisent sous sa poussière.

Quelle impression s'empare de l'âme, lorsqu'on parcourt seul ces ruines imposantes !

Forum. — Vous êtes au Forum. Là, oui là-même s'agitait la vie de ce grand peuple qui conquit le monde. Ici se rangeaient les quirites ; là les chevaliers ; puis l'humble plèbe. Les grands arrivaient avec leurs clients nombreux, leur *gente*, leurs esclaves. Le mouvement politique s'anime, le peuple s'agite, de grands intérêts se débattent. A cette tribune des Rostres montent les orateurs : les Gracchus, les Hortensius, les Cicéron font entendre leur voix.

Quels souvenirs ! quelles scènes !...

Tout près est le Capitole, la citadelle sacrée. A cette colline fastique sont attachées les destinées de la république et du monde.

Vous touchez cette roche tarpéienne qui faisait trembler les coupables et les plus fiers ennemis du peuple ; vous touchez à cette scala des Gémonies et à la prison Mamertine, de douloureux souvenir.

Mais que dis-je ? L'air retentit des cris de joie, de victoire ; le peuple est dans l'ivresse, sur la voie sacrée que vous foulez, arrive le triomphateur. La pompe et la magnificence, les trophées et les dépouilles le précèdent et l'accompagnent. Les vaincus sont enchaînés à son char. Il passe sous les arceaux parés des richesses des nations. L'orgueil de Rome est au comble : c'est Vespasien, c'est Titus, c'est Trajan. Ils montent au Capitole, et les cirques voisins vont s'ouvrir. Cent mille spectateurs verront dix mille gladiateurs ou vaincus s'égorger pour leur plaisir : les lions d'Afrique, les panthères de l'Asie et les taureaux indomptés mêleront leurs rugissements et leur sang au sang des immolés, aux cris frénétiques de cette multitude enivrée et de ces matrones endurcies par le plaisir.

Le spectacle change : des monts voisins l'eau arrive dans

ces arènes et en fait un lac, et le combat des trirèmes remplace les premiers jeux, et pendant des mois entiers les fêtes du peuple-roi se succèdent ; il n'a d'autre souci que de vivre et d'applaudir à ses maîtres.

Le Forum était vraiment le lieu sacré. Aussi les monuments se touchent : une voie passait entre les colonnes d'un temple ; les temples y étaient contigus les uns aux autres : l'œil embrasse et la main saisit presque en même temps les ruines de cinq ou six de ces monuments célèbres, et, entre autres, du temple primordial de Romulus et de Rémus, ce berceau de la ville éternelle, où fut découvert, il y a deux siècles, le plan de l'ancienne Rome, actuellement déposé au Capitole (1).

Pour comble de gloire, trois arcs de triomphe environnent ces lieux immortels : l'arc de Vespasien et de Titus, témoignage de cette irréparable destruction de Jérusalem et de son temple. Il porte, sur ses bas-reliefs, la Judée captive, les vases et les ornements du temple, et le fameux chandelier à sept branches, illustres preuves des divines menaces accomplies.

L'arc de Marc-Aurèle, monument de ses victoires, grande page commémorative de ses hauts faits, où les générations les plus reculées liront sur ses belles sculptures la défaite des Parthes, des Arabes et autres nations barbares.

Enfin, l'arc de Constantin, qui était auparavant celui de Trajan, monument remarquable par la beauté artistique de l'ensemble, par les détails primitifs des hauts faits de cet empereur, par la perfection des colonnes, des cha-

(1) A la place de ce monument, on a consacré une église aux saints martyrs Cosme et Damien : le temple de Rémus en forme l'entrée.

piteaux, des frises et des statues, et que n'ont pu sensiblement amoindrir les détails d'une plus faible exécution, par lesquels le vainqueur de Maxence voulut à son tour éterniser ses exploits.

Quelle magnificence de choses et de souvenirs !

COLYSÉE. — Cependant tout cela s'efface devant le Colysée, l'œuvre la plus grandiose qu'aient tentée les empereurs.

Vespasien le commença, son fils l'acheva ou à peu près, et, pour l'inaugurer, ce doux Titus, *les délices du genre humain*, y livra à la mort trois mille animaux féroces et dix mille captifs. Ces belles fêtes durèrent cent jours.

Rome possède des amphithéâtres plus grands encore ; le Colysée ne contenait guère que quatre-vingt mille spectateurs sur les gradins et vingt mille sur les terrasses. Le circus Maximus en pouvait contenir deux cent cinquante mille, même avant les derniers agrandissements. Mais qu'était ce circus Maximus ? je n'en sais rien ; tandis qu'on voit encore et on apprécie parfaitement, malgré les mutilations et l'immensité des dévastations, ce qu'était le cirque de Vespasien. C'est la plus fière ruine qui soit sur le sol : et ce n'est pas une simple ruine, car la partie encore debout est tellement imposante, tellement gigantesque et belle, malgré son dépouillement, qu'on est frappé d'admiration et de stupeur.

Au côté nord, on peut mesurer les trois étages qui forment le Colosse (et c'est le nom qu'on lui a donné) (1), lesquels s'élèvent à cent cinquante pieds de hauteur. On

---

(1) Colosseo, d'où Colysée.

peut encore se rendre compte, en les visitant, des voûtes inférieures où étaient renfermées les bêtes féroces et les *bestiaires* qui en étaient chargés, et des innombrables *vomitoires* par où la multitude entrait ou sortait en un instant, et des galeries de ceintures (*deambulacra*) autour de l'édifice, et des arcades voûtées et des diverses places qu'occupaient les dignitaires, les employés et le peuple.

Les quatre ordres qui embellissaient la construction se montrent dans cette vaste portion du nord, et partout on voit ces magnifiques blocs de travertin qu'on n'a pu, sans de puissants moyens dynamiques, élever à ces hauteurs pour en faire cette inébranlable construction.

Je dis inébranlable, car le temps ne l'a pas abattue ; elle se montrerait encore dans sa force et sa beauté, si une puissance plus destructive, plus impitoyable ne se fût attachée à sa ruine.

Les barbares l'ont dépouillée, mais les Romains surtout l'ont détruite. Les richesses de ce cirque étaient infinies. Tout l'extérieur était revêtu de plaques de marbre ou de bronzes dorés : des crampons, fortement scellés, maintenaient les énormes pierres et les précieux revêtements. Des milliers de statues, en marbre, en bronze, ou revêtues d'or, se dressaient partout.

Les barbares s'en sont emparés : ils les ont descellées, pillées, brisées : voilà leur part. Mais la destruction proprement dite, la destruction acharnée pendant près de deux siècles, afin d'arracher de cette superbe carrière les plus beaux matériaux pour les palais et les édifices : voilà la part des Romains.

Reconstituons maintenant, par la pensée, ce Colysée dans sa splendeur ; restituons au monument tous ses ornements, toutes ses richesses ; donnons-lui le mouvement et la vie : tout ce peuple, non pas multitude confuse, mais rangé par ordre et sagement contenu, inondant les gradins et les garnissant dans toute leur hauteur ; les tribunes des grands, le *podium*, réservé aux dignitaires et aux vestales si déplacées dans ces fêtes de folie et de sang ; représentons-nous l'éclat, le luxe, le mouvement qui se communique, l'animation qui circule, l'intérêt, la passion, la frénésie qui s'emparent de tous, et bientôt les frémissements, les cris, l'ivresse. Fascinations si violentes qu'Augustin et Alipius, qui en avaient subi le charme, avouaient ne pouvoir y résister que par la fuite.

On circulait à l'aise dans ces triples galeries, sous des voûtes spacieuses, artistement décorées. Nul des agréments ou des douceurs du luxe, pas même les somptuosités des festins ne manquaient à ces fêtes : et, du haut des terrasses où ils s'entassaient, les nombreux esclaves avançaient leurs têtes et plongeaient du regard sur cet ensemble prestigieux, sur ces degrés hiérarchiques d'un monde où ils étaient si peu de chose, mais qui pourtant leur donnait place à ce grand banquet des joies populaires.

Par des procédés à eux, les Romains trouvaient le moyen de se protéger contre les incommodités de la chaleur. Un immense *velarium* était suspendu au-dessus de leurs têtes et enveloppait cette grande enceinte pendant que des fontaines jaillissantes et des eaux safranées rafraîchissaient l'air et l'embaumaient.

A quelque heure qu'on visite ces incomparables ruines, aux chauds rayons du soleil, lorsque les teintes jaunies et les fortes ombres donnent un mélancolique aspect à cet énorme géant ; soit au couchant du jour, lorsque les obliques rayons allongent ces grands contours, et que la douce clarté qui faiblit donne un nouveau charme à ces vieilles murailles et aux lierres séculaires et aux mille plantes qui les décorent; soit qu'au sein de la nuit, par une pâle lueur des étoiles, ou à la mate lumière de la lune, ou enfin, selon le voluptueux usage des grands, éclairés par des torches nombreuses, on considère les membres immenses du grand spectre; soit qu'on en parcoure la vaste enceinte ou les voûtes obscures, ou les hauts sommets, un sentiment profond, indéfinissable, s'empare de l'âme, agite les sens; on croit entendre les bruits, les rugissements, les gémissements et les cris de plaisir. L'âme se plonge dans la rêverie, dans les méditations sans fin, et de tous les lieux du monde, c'est celui qu'on oubliera le moins.

Mais nous laisserons-nous éblouir par tout l'éclat de ces impériales grandeurs? Oublierons-nous à quels odieux usages étaient consacrées ces brillantes arènes? A la claire lumière de notre civilisation chrétienne, ne flétrirons-nous pas les incroyables excès d'inhumanité où fut entraîné le plus civilisé des peuples antiques? Comment ce mépris de l'homme, cet oubli des lois les plus saintes de la nature, cette froide cruauté, cette soif de plaisirs, cette fièvre d'émotions, altérée de sang, rassasiée de carnage et des scènes les plus horribles, pouvait-elle être passée dans les mœurs et posséder en même temps un peuple tout entier?

Mais, ô grandeur des rapprochements et des souvenirs! Comment ne pas se rappeler que ces arènes furent le champ de bataille et de victoire, le théâtre des plus beaux triomphes, et comme le sanctuaire et l'autel où furent immolés les héros et les victimes les plus purs? Comment ne pas évoquer, au milieu de ces ruines, ces scènes sublimes, les héroïsmes inouis des premiers âges chrétiens?

Ah! il n'a eu que la plus faible impression du cirque de

Rome, celui qui n'y a pas vu le saint vieillard d'Antioche, Ignace, y combattant avec les lions ; Sébastien y affrontant la fureur des empereurs ; les faibles femmes chrétiennes y acceptant la mort avec une joie sublime ; les vierges délicates s'y enveloppant de leur pudeur; les martyrs en foule y répondant à l'appel des bourreaux, secoués, déchirés, mis en pièces sous la griffe des lions et des tigres....

« Sors pour mourir, » dit le gardien qui ouvre le cachot.

« Pour vivre, » répond le martyr.

« Un autel est dressé, le salut est possible encore. Immolez aux dieux. »

« Je suis chrétien. »

Que d'autres se complaisent au milieu des plus belles ruines, des plus riants paysages ; qu'à Tibur ou à Pestum ils évoquent les souvenirs de la poésie et des arts, des civilisations païennes et de leurs doux prestiges : mille fois plus grands se dressent au Colysée les souvenirs de la religion et du martyre. Tout est sacré et pur ; tout fut fécond pour le monde dans ces luttes de l'innocence et de la foi, où la mort elle-même fut le triomphe. Car, de ces combats sortit la victoire du christianisme, et par lui, avec ses principes divins et les vertus qu'il engendre, cette civilisation nouvelle avec ses bienfaits et ses lois et ses mœurs ; cette estime de l'homme qui ne permet pas, même après les victoires, même dans les fureurs des guerres, même dans l'esclavage, pas plus que dans la souffrance et le malheur, d'oublier sa valeur et son prix. En un mot, une religion dont la fraternité est la base, et qui reconnaît un Dieu, père de tous, sauveur de tous, qui impose à tous la loi même de l'amour...

Un jour, un saint pontife recevait au Colysée des envoyés

de contrées lointaines qui lui demandaient de saintes reliques : le pontife se baisse, et ramassant sur le sol une poignée de poussière : Prenez, leur dit-il, cette terre formée de la cendre et imprégnée du sang des saints.

Aussi, à plus juste titre qu'en aucun lieu de Rome, la croix se dresse au Colysée; on y adore le divin crucifié, on y vénère les martyrs.

Que ne m'a-t-il été donné d'entendre dans ce lieu, sur quelque gradin de l'amphithéâtre, un de nos illustres évêques (1), lorsque, il y a un an, il y parlait avec l'enthousiasme et l'inspiration qui le caractérisent, des saints combats et des triomphes de l'Eglise ! Avec quelle ardeur cette âme de feu, ce génie qui vit d'inspiration, dont la parole atteint souvent au sublime par la majesté de la pensée et les élans du sentiment, dut rendre les ineffables grandeurs, les merveilleuses harmonies de ce temple du martyre. J'ai ouï dire que ses innombrables auditeurs étaient haletants, et que, pendant plusieurs heures, ils avaient connu par l'admiration tout le charme de l'éloquence inspirée.

Le Panthéon. — Un autre monument de Rome païenne, mais devenue chrétienne, est également remarquable : c'est le Panthéon, le plus beau temple antique que Rome ait possédé et le plus considérable.

Les grands temples, dans l'antiquité, étaient rares. Ce n'était d'ordinaire que des monuments commémoratifs de certains faits, ou la consécration d'un sanctuaire à une divinité ou à des hommes qu'on divinisait. Que, sous un beau péristyle ou devant un élégant portique, il y eût une cella ou un autel, où le prêtre pût pratiquer le sacrifice

(1) Monseigneur Bertheau, évêque de Tulle.

en présence de quelques témoins ; c'était assez. Il appartenait à la religion de la vérité et de l'enseignement, qui dans son divin sacrifice célèbre un culte obligatoire, d'appeler autour d'elle les multitudes et d'élever de vastes enceintes pour les recevoir. Ce n'est pas sous les verts ombrages, dans les bois sacrés, autour des temples, mais sous les voûtes saintes et au pied de l'autel que s'accomplissent ses cérémonies et ses mystères. Il lui faut de grands espaces, l'immensité de ses cathédrales n'a rien de trop pour les exigences de son culte. Le Panthéon fait exception à cette petitesse ordinaire des temples ; il est un grand monument, il est aussi maintenant encore d'une beauté remarquable.

Chaque jour, je passais devant cette grande œuvre d'Agrippa, le gendre d'Auguste, en me rendant à Saint-Louis-des-Français. En traversant la place du Panthéon, où chaque matin il y a un marché, au milieu de ces paysans encore revêtus de leurs vieux costumes, de ces femmes aux expressions nobles et belles, aux ornements riches et variés, je me reportais facilement aux temps anciens, et je contemplais avec un grand bonheur ce magnifique portique, le plus beau d'Italie, disent les maîtres, soutenu par seize colonnes dont huit sur le devant et les autres de côté et en arrière. La disposition de ces colonnes, leur élévation, leur beauté de matière et de forme, l'élégance de leurs bases et de leurs chapiteaux, l'heureuse harmonie de l'entablement et du fronton qui les surmontent, font la perfection artistique de ce portique, qui a plus de cent pieds de largeur et soixante de profondeur. Quelle était la beauté de cette entrée du temple, lorsqu'on y montait par sept degrés de marbre, que les bronzes dorés étincelaient de toute part, que les parois entre les colonnes y étaient ornées de marbres rares, que des urnes de basalte et des statues des plus grands maîtres remplissaient les niches latérales ; qu'un bas-relief en bronze doré et un quadrige décoraient cet important frontispice ! ! !

L'intérieur n'est pas moins parfait. Cette grande enceinte a cent trente-deux pieds de diamètre, la hauteur du pavé au sommet de la voûte est égale à ce diamètre. Dans les murs, de dix-neuf pieds d'épaisseur, on avait pratiqué des renfoncements demi-circulaires, qui sont devenus des chapelles.

De belles colonnes cannelées de beau marbre jaune et violet soutiennent un grand entablement de marbre blanc, surmonté d'une espèce d'attique, puis d'un nouvel entablement qui supporte la voûte, partagée elle-même en cinq rangs de caissons qui brillaient autrefois de leur riche revêtement de bronze doré.

L'impression que produit ce temple est extraordinaire. Sa forme et sa simplicité même que rien ne dissimule aux regards, la grandeur réelle du monument qui semble s'accroître, ses heureuses proportions et ses dispositions intérieures, tout contribue à cet effet saisissant. Une seule ouverture éclaire ce vaste édifice : pratiquée au sommet, elle ne mesure pas moins de vingt-six pieds ; elle n'est point fermée et n'oppose pas plus d'obstacle à la pluie qu'à la lumière.

N'est-ce pas une belle et religieuse pensée? Dans ce temple, la lumière et l'éclat ne viennent que du ciel.

J'ai lu dans quelque vieux bouquin que cette disposition existait en certains temples de l'Orient, et que l'expression de *contempler* pouvait bien trouver là son origine. Comme si, dans le temple qui n'aspectait que vers le ciel, la pensée ne pouvait graviter que vers la divinité, et que toutes choses ne pussent y être aperçues que par leur côté céleste et divin ?...

Ce Panthéon renfermait à l'intérieur mille richesses ; et la preuve, c'est que le bronze et l'or étaient prodigués même au dehors. Tous les murs extérieurs en étaient revêtus ; la toiture était étincelante. Un empereur de Constantinople, Constant II, ne craignit pas d'en enrichir ses palais. Quant aux bronzes du portique qui le revêtaient presque en entier, Urbain VIII les destina à d'autres usages : ils formaient (chose presque incroyable!) une masse de plus de quatre cent cinquante mille livres. On en fit non-seulement les quatre immenses colonnes du baldaquin de Saint-Pierre, mais la chaire colossale, à l'extrémité de la même basilique, et des statues et quatre-vingts canons pour le fort Saint-Ange.

Abandonné à lui-même, le Panthéon serait peut-être maintenant une ruine ; consacré par la religion du culte catholique, il est devenu *Sancta Maria ad Martyres*.

Ce monument, que le paganisme avait dédié à tous les dieux, fut placé par le pape Boniface IV sous l'invocation de tous les Saints (608). C'est cette transformation qui donna naissance à la fête catholique qui porte ce nom.

Je n'omettrai pas un détail que tout le monde recueillera avec plaisir : Raphaël, le grand artiste, voulut avoir au Panthéon sa sépulture : il repose derrière une madone exécutée sur ses propres dessins par une main amie (Lorenzetto Lotti) ; d'autres artistes, Annibal Carrache lui-même, réclamèrent aussi l'honneur de reposer près de sa tombe.

AQUEDUCS. — Au nombre des monuments de la vieille Rome et des plus remarquables, il faut ranger les aqueducs qui, plus que tout le reste, donnent une plus juste idée de la forte et persévérante puissance de ce peuple.

En parcourant la campagne romaine, et à de grandes distances de la ville, au milieu de ces solitudes abandonnées, on est étonné de rencontrer de vieilles et fortes constructions prolongées à de grandes distances, disparaissant et réapparaissant dans le paysage, restes imposants de constructions antiques, dont quelques-unes remontent aux empereurs et jusqu'aux temps de la République. Ce sont les travaux gigantesques, entrepris à diverses époques, pour procurer à la grande ville l'une des premières nécessités de la vie et de la santé pour une nombreuse population.

Plusieurs de ces canaux apportent de douze et quinze lieues au peuple de Rome une eau aussi bonne qu'abondante. Puisée au flanc des montagnes, elle s'est encore épurée et vivifiée dans son long parcours au soleil; elle a pris et combiné dans la mesure convenable les éléments utiles, et nulle part peut-être l'eau n'est plus agréable et plus saine qu'à Rome.

On s'étonne du grandiose et de la solidité de ces constructions séculaires ainsi que de la sage disposition qui en assurait la durée. Aucun peuple n'a, sous ce rapport comme sous tant d'autres, surpassé les Romains. Simples dans leur masse imposante à travers les champs, lorsqu'elles arrivent à la cité et traversent une place, elles deviennent des monuments, et se transforment en belles portes de la ville. Ce sont des arcs ornés semblables à des arcs de triomphe ; et n'est-ce pas un grand sujet de triomphe qu'un tel bienfait offert à la cité? N'était-ce pas comme un hommage rendu à ce peuple qui régnait sur le monde et qui recevait les eaux des montagnes lointaines sur ces arcs pompeux, que traversaient ses triomphateurs?

Aussi, l'empereur Claude, à l'endroit où son aqueduc arrivait à Rome sur la voie Labicane, éleva deux grands arcs et trois plus petits ornés de colonnes et de frontons, rappelant par des inscriptions comment il avait réuni plusieurs sources et des aqueducs antérieurs pour compléter cette grande artère des eaux de Rome.

Sortez, près de ce monument, par la porte majeure, et vous verrez encore à gauche, dans les murs de la ville, les anciens canaux des eaux Julia, Tepula et Marcia.

L'Aqua Vergine, ainsi nommée d'une jeune fille qui l'avait découverte, après une course dans la campagne, dans des canaux souterrains, traverse sur des arcades la villa Borghèse, pénètre par d'autres canaux sous le Pincio, pour se diviser en trois branches et alimenter une multitude de fontaines, la fontaine del Popolo, de Trevi, de la place Navone, du Panthéon, etc.

Quelquefois trois aqueducs superposés roulent pour ainsi dire leurs eaux de concert.

Agrippa, sous son consulat, avait construit un aqueduc pour alimenter ses thermes adossés au Panthéon, dont nous avons parlé. Bien d'autres travaux encore, dont les vestiges sont partout, complétaient cette grande œuvre publique, et ces travaux n'ont pas été perdus. De si grandes constructions dans de si vastes parcours ont dû, plus d'une fois, être réparés. Rome n'y a pas manqué : les papes s'y sont distingués à l'envi, leurs noms se rattachent à la plupart de ces monuments ; des inscriptions en rappellent les restaurations successives. Par eux, les aqueducs ont été relevés, réparés, entretenus, et lorsque ces rivières faites de main d'hommes arrivent à Rome, apportant le tribut de leurs eaux, elles trouvent pour les recueillir des fontaines dignes d'elles.

C'est un agréable et beau spectacle que la vue de ces fontaines sur la plupart des places de Rome. Il n'y en a pas moins de cinquante artistiquement remarquables. Sans être du goût le plus pur, toutes sont ornées de grandes statues, de monstres marins, de divinités symboliques, de trophées, et souvent de beaux obélisques égyptiens ou de colonnes antiques. Il suffit de nommer la fontaine Paola, au sommet du Vatican ; la fontaine Trévi, la plus grande de toutes, aux larges eaux, avec son Neptune traîné pas des chevaux marins ; la fontaine d'Aqua Felice, œuvre de Sixte-Quint, qui eut au moins le mérite de mieux en choisir les ornements. Les statues ne représentent que des objets sacrés : Moïse frappant l'eau du rocher, Aaron conduisant la multitude altérée, Gédéon reconnaissant ses braves au bord du torrent.

Les trois fontaines de la place Navone, avec ses statues énormes du Bernin, son obélisque et sa vasque de marbre de plus de soixante-dix pieds de diamètre, sont un magnifique ornement pour cette place curieuse, qui n'est elle-même que le cirque d'Alexandre Sévère, dont elle trace le contour avec ses édifices construits sur les fondements des antiques gradins.

Que de fois, comme son nom l'indique, ce cirque fût-il rempli par les eaux des aqueducs, pour se prêter aux jeux des navires ou des trirèmes, à la grande joie et aux applaudissements de la multitude ?

Quelle dût donc être l'abondance des eaux dans cette belle Rome ? Qu'on en juge par ce seul rapprochement.

Paris, qui a tant fait pour ses habitants avec tous ses canaux et ses fontaines, ne fournit encore que deux cents litres d'eau par habitant, tandis que Rome en fournit mille. Je sais que des travaux se préparent et qu'on tient à réaliser des projets qui avaient occupé, il y a cinquante ans, la pensée de Napoléon Ier. On y réussira sans doute, mais depuis des siècles, Rome jouit de ces bienfaits, et c'est l'une des plus essentielles conditions de bien-être et de salubrité pour une population nombreuse.

Paris n'a-t-il point eu encore d'autres emprunts à faire à Rome? La Cloaca Maxima n'a-t-elle pas fourni l'idée et le modèle de cet immense conduit récemment pratiqué sous ses voies populeuses? Et puisse la construction de nos ingénieurs et architectes égaler en force et en solidité l'œuvre antique des Tarquins, dont les étrangers ne peuvent s'empêcher d'admirer, après plus de deux mille ans, les proportions et l'invincible solidité !

Je termine par les tombeaux. Le plus remarquable, sans doute, était celui d'Adrien, si surprenant encore par ce qui en reste.

Cette tour immense, au bord du Tibre, près du pont de même nom, actuellement le pont Saint-Ange, qui, de si loin et de tant de points de Rome, attire vos regards; ce château fort armé de canons, où veillent des soldats: c'était un tombeau, maintenant masse informe, — *moles,* le môle d'Adrien — porté sur de magnifiques soubassements, couvert de marbres, d'inscriptions, de statues; élevé en proportion de ses deux cents pieds de diamètre, et surmonté d'une coupole où apparaissait la statue gigantesque du fondateur, il était dans le principe une élégante construction. Là, reposèrent les cendres des Antonins jusqu'à Alexandre Sévère. Mais ce beau mausolée est découronné, ses marbres et ses colonnes ont disparu; les soldats de Bélisaire l'ont dépouillé; les Grecs en ont brisé les statues, pour les jeter sur des assiégeants barbares, moins barbares qu'eux-mêmes; les Romains du moyen-âge s'y enfermèrent maintes fois comme dans un lieu de défense : il fut le témoin et le théâtre de presque toutes les séditions et scènes violentes de la vie politique de Rome, et maintenant encore, cette vaste tour, ce mausolée tronqué excite l'intérêt, cet immense souvenir est encore un grand monument ; on aime à voir cette masse imposante, la forteresse de Rome, tout près du Vatican, avec lequel elle communique par un chemin secret, et surmontée de la statue de l'Archange, au glaive déployé, comme pour montrer que c'est la citadelle d'une puissance dont le secours doit venir du ciel.

Près du port Ripetta, et encore près du Tibre, était le mausolée d'Auguste. Il n'en reste plus que quelques ruines.

Caïus Sextus, au temps de ce même empereur, se fit l'honneur, pour tombeau, d'une pyramide égyptienne.

Mais le tombeau qui excite le plus l'intérêt et que tout étranger visite, c'est celui de Cecilia Metella, à l'entrée de la voie Appienne. On voulut assurer à ce monument une impérissable durée, car jamais construction ne fut plus solide : ses murs ont près de trente pieds d'épaisseur, et le monument guère plus de quatre-vingt-dix de diamètre. D'où il suit qu'il n'y a à l'intérieur qu'une petite chambre ronde, terminée par une voûte conique; elle renfermait un sarcophage de marbre qu'on a transporté au palais Farnèse. En passant sur le chemin, on lit au haut du monument que là reposent les cendres de Cecilia Metella, femme du triumvir Crassus. Que de siècles ont passés, que de siècles passeront encore sur ce massif sépulcre !

Cette voie Appienne est la voie des tombeaux ; ce souvenir respectueux et religieux des morts, ce culte de reconnaissance privée ou publique pour les hommes illustres ou pour des êtres regrettés se retrouve chez tous les peuples antiques : Rome est remplie de ces touchants souvenirs.

Il en est qui, mêlés à l'histoire, ont encore la puissance d'agir fortement sur les âmes ; car, au rappel de certains noms et devant les monuments où reposèrent leurs cendres, on ne saurait être indifférent : tels sont, sans contredit, les tombeaux des Scipions, qui jouèrent un si grand rôle dans l'histoire de leur patrie, aux époques les plus célèbres.

Dans une propriété, qu'à Rome on désigne sous le nom générique de Vigne, on pénètre dans ce tombeau à moitié détruit, car, des deux étages qui le composaient, un seul subsiste ; les niches, les statues et les deux colonnes doriques ont disparu, il n'en existe que des fragments. On n'y a trouvé et conservé de remarquable qu'un beau sarcophage de Lucius Scipion, vainqueur des Samnites, et un buste du premier poète de Rome, Ennius, célébré par Cicéron et par Virgile ; de ce poète jadis fameux, il ne reste donc plus qu'une vague mémoire, quelques vers et l'image affaiblie de ses traits.

A côté de ces illustres tombes et des monuments personnels, on retrouve encore des sépultures communes. Je veux parler des columbarium.

Ce n'est pas sans un vif intérêt que je suis descendu dans ces sépultures. Les columbarium, ainsi nommés sans doute parce qu'ils ont la forme d'un colombier, n'ont été retrouvés que depuis l'année 1830. Le premier qui fut découvert était celui de Pomponius Hylas.

Ces lieux de sépulture appartenaient à de grandes familles et étaient destinés à recevoir les cendres des personnes esclaves, affranchies ou libres qui leur avaient appartenu et étaient sous leur dépendance.

Celui des premiers Césars fut découvert il y a environ douze ans, et celui des Pompées, il y a quatre ou cinq ans à peine ; ils sont à peu près semblables.

Je décris celui des Pompées : De forme carrée à l'intérieur, on y descend par des escaliers ou rampes très raides qui n'ont pas deux pieds de largeur. Le long des quatre murs et dans toute la hauteur règnent neuf rangées d'urnes cinéraires, placées deux à deux, dans des ouvertures demi-circulaires, pratiquées au mur de cette façon : Il est possible de retirer ces urnes des cavités qui les renferment, d'en lever le couvercle et de toucher les os plus ou moins calcinés et pulvérisés qu'elles contiennent. Au-dessus de ces urnes et de cet enfoncement demi-circulaire, est l'inscription qui indique le prénom, le nom, l'emploi du personnage, le nom de celui à qui il appartenait, et, le cas échéant, le nom de celui qui l'avait affranchi et qu'il s'appropriait souvent à lui-même.

Ces ouvertures étaient fermées, recouvertes de stuc et ornées de bas-reliefs, de fresques, de statues, etc.

Le columbarium des Pompées est le plus beau. Au bas et sur le sol, je remarquai un espace assez considérable, réservé, comme le dit une inscription, à un collége de musiciens, espèce de conservatoire, qui avait pour emploi d'accompagner, dans les fêtes et les jeux publics, les Pompées, à l'époque de leur grandeur et de leur pouvoir.

Les serviteurs n'y sont pas seuls; plusieurs de leurs patrons y reposent avec eux et dorment de leur sommeil.

Tout près est le tombeau du fils de Sextus Pompeius, le grand Pompée.

Voici quelques inscriptions que j'ai recueillies à la hâte :

HIC RELICÆ PELOPIS.
SIT TIBI TERRA LEBIS.

NE TANGITO, O MORTALIS.
REVERERE MANES DEOS.

J'ai été profondément touché à la vue de ces columbarium. Moins beaux, sans doute, moins ambitieux, ils me pénétrèrent bien plus fortement que les mausolées dédiés à une personnalité fastueuse.

N'est-il pas touchant, en effet, de voir associés à la communauté du tombeau et rapprochés au niveau de la même sépulture, ceux qui furent associés à la même existence, quoique séparés par les grandes inégalités des conditions, de la fortune, des services et de la liberté !

Tels sont quelques-uns des principaux monuments de l'ancienne Rome ; mais je confesse que je ne fais qu'effleurer la matière. Il en est cent autres qui mériteraient d'être étudiés et décrits. Seulement, j'en ai dit assez pour éveiller le désir de voir, et pour faire comprendre l'impression incomparable de cette Rome, où sont entassées tant de richesses, où dorment tant de générations illustres, où passèrent tant de civilisations.

Virgile peint quelque part le laboureur heurtant de sa charrue, dans d'antiques champs de bataille, les débris des ossements et des armures. Sur ce champ-clos de Rome, où tant d'événements se livrèrent leurs grands combats, on heurte aussi à chaque pas quelques débris illustres, on retrouve partout de ces grandeurs antiques encore debout avec leurs ruines, ou évanouies et presque effacées, dont le charme indéfinissable et la profonde signification parle encore plus à l'âme et à l'intelligence qu'à l'imagination.

CINQUIÈME LECTURE.

Excursions à Tivoli, Frascati, Albano, Castel Gandolfo, etc.

Je dois l'avouer, je n'étais pas tellement plongé dans les grandeurs et les beautés de Rome ancienne et moderne, que je perdisse le souvenir des lieux charmants qui l'entourent. Comme tous les voyageurs, je voulais voir et me remémorer les endroits délicieux que la nature a embellis, mais que les grands hommes, les grands poètes, les génies antiques ont également rendus immortels.

Un jour donc, avec un compagnon, je pars pour Tivoli, l'ancienne Tibure. Nous rencontrâmes à la porte de la ville une troupe de prisonniers de l'Etat, conduits et surveillés ; ils allaient s'employer à des travaux d'utilité publique, et, si je ne me trompe, aux travaux de terrassement, par suite de la restauration de l'église de Saint-Laurent, hors des murs : merveilleuse basilique, l'une des plus curieuses de Rome, immense et riche édifice où tout respire la haute antiquité chrétienne et la foi la plus ardente des siècles qui suivirent.

Nous arrivons au pont de l'Anio. L'Anio ou Teverone est la même rivière qui se retrouve à Tivoli, et en forme les cascades. Elle sépare la Sabine du Latium et se jette dans le Tibre. De ce pont, les regards et la pensée se portent sur d'immenses perspectives. Devant vous, est cette campagne de Rome, vaste, muette, solennelle : ni les bruits de la terre, ni la puissante activité de l'homme, ni les tumultueuses agitations du monde n'y troublent un perpétuel silence ; parfois seulement, les hennissements des cavales, le mugissement des buffles et le murmure des eaux ; de temps en temps, un homme, vêtu de peau de bêtes, au visage hâlé et hardi, montant un robuste cheval et poussant devant lui un troupeau de soixante ou cent chevaux presque à l'état sauvage : voilà tout. Sur ce trajet de plusieurs lieues, pas un village, pas d'habitations, et à mi-route, une espèce d'auberge d'une chétive et douteuse apparence.

Avant d'arriver à cette auberge, notre conducteur perdait contenance, fouettait sans pitié l'unique cheval qui nous conduisait, et, l'écrasant presque de coups, nous déclarait ne plus pouvoir marcher sans un long repos. Touché de compassion, j'allais me rendre aux plaintes et aux désirs de ce conducteur ; mais, plus avisé et plus fort, mon compagnon lui déclara qu'il ne céderait point à ses caprices, qu'il avait pris l'engagement de nous conduire rapidement et de nous ramener dans la journée, et qu'il ne lui concédait qu'un court répit pour se refaire. Mon compagnon avait raison. Le lieu lui semblait suspect et trop isolé : nous restâmes dehors à l'attendre, et le drôle, comprenant à qui il avait affaire, donna des jambes à son cheval qui nous entraîna au galop jusqu'aux pentes raides et à la forêt d'oliviers qui précèdent Tivoli.

Mais auparavant nous passâmes au pont de Solfatara.

Les eaux du lac de ce nom sont tellement sulfureuses que l'air y est d'une respiration désagréable et pénible. Aussi, Marc Agrippa y avait-il construit des thermes. On reconnaissait alors sans doute, comme de notre temps, la force médicinale de ces eaux : l'empereur Auguste allait y chercher la santé, et la fameuse reine de Palmire, Zénobie captive, les rendit aussi célèbres.

Plus d'une fois nous marchâmes sur les restes de la vieille voie Tiburtine, et sur ces grands blocs d'une lave noirâtre qui la composent, et que bordent encore deux trottoirs de même matière.

Quels souvenirs éveillaient ces lieux !... Virgile y place l'oracle de Faune consulté par Latinus. Nous sommes à la source de cette merveilleuse et antique poésie avec laquelle nous avons été bercés. Par un singulier hasard, il semble que cette poésie apparût à cet instant à mes yeux, personnifiée dans une jeune fille qui s'offrit soudain sur la voie : jeune et belle d'une beauté sans égale, la taille, la pose, les traits, la dignité et la grâce, rien, pas même une remarquable distinction, ne manquait à cette fille des champs. C'était bien la Muse du poète de Mantoue, du poète le plus suave de l'antiquité.

J'avais aussi sous les yeux l'un des plus beaux points de vue de cette belle Italie, et Poussin l'a encadré dans l'un de ses chefs-d'œuvre, et je me disais : cette terre, mère des arts, devait inspirer ses artistes ; elle n'avait qu'à leur montrer ses aspects, son ciel et ses enfants, le beau les pénétrait de toute part.

Horace, Catulle, Mécène, Auguste, tous les grands noms se retrouvent dans cette délicieuse Tivoli. La nature y est si belle, les sites si enchanteurs, les coteaux si variés ; l'Anio, avec ses eaux frémissantes et ses cascades argentées, y a creusé à travers les rochers des grottes si profondes, des retraites si fraîches, que ces voluptueux Romains ont dû y chercher leurs demeures préférées, leurs villas de délices.

En effet, on ne fait pas un pas qu'on ne rencontre, ici, la maison d'Horace, là, la villa de Mécène ou celle de quelque grand Romain. Quintilius Varus, Cicéron y venaient chercher le repos ; et Adrien l'aimait tant, que dans une villa, dont l'enceinte avait plus de deux lieues, il voulut (gigantesque tentative, impériale folie) reproduire et rapprocher tout ce qu'il avait rencontré de beau dans le monde : les temples d'Athènes, les sites de Thessalie, les théâtres d'Egypte, enfin, jusqu'au Tartare et aux Champs-Elysées.

Tivoli n'est pas sans analogie avec notre Clisson : mêmes fraîcheurs, mêmes ombrages, des ruines, des eaux, des coteaux, des sentiers presque pareils au bord du torrent.

Je ne m'étonne pas que, frappé de cette ressemblance, le célèbre Cacault (1), à qui nous devons tant, ait cherché à la mieux rappeler encore par l'imitation du temple de Vesta et d'autres vestiges de la contrée des arts, qui lui était si chère.

Tivoli est une petite ville de six mille âmes. Elle laisse aux étrangers la contemplation de ses vallées pittoresques. Pour elle, active et industrieuse, elle utilise les eaux du Teverone. Au nord de la ville et sur des pentes aussi jolies qu'elles sont élevées, on voit tomber en nappes argentées, ces cascades que tous les étrangers admirent ; mais, avant qu'elles charment les regards, le génie de

(1) Cacault fut ambassadeur à Rome sous le Consulat et l'Empire. Nantes lui est redevable de la première fondation de son Musée.

l'homme les a utilisées : elles ont traversé d'importantes usines qui font, avec les visiteurs, la richesse de cette ville.

La grande cascade seule est restée sans emploi : cette masse imposante d'eau, de soixante pieds de largeur, qui se précipite avec un si grand fracas dans la gorge profonde, n'y produit qu'un vain bruit, bruit majestueux et sublime, mais stérile.

Pourtant cette cascade est elle-même un bienfait. Car, il faut savoir que ce petit fleuve de l'Anio est parfois redoutable, enflé des eaux qui, dans les orages, tombent des montagnes, sa crue et sa course sont celles d'un torrent, et alors rien ne lui résiste.

En 1827, il se précipite furieux dans la ville où il avait son lit ; débordé, il renverse une partie des maisons qui lui font obstacle, ébranle l'église qui pensa choir dans la vallée, et menaça la ville d'une ruine totale.

Ce fut alors qu'un pape, Grégoire XVI, je crois, partagea le fleuve avant son entrée dans la ville, en détourna la plus grande partie, qu'il dirigea par un beau travail dans un double tunnel d'une rare solidité, et qu'on peut parcourir dans toute sa longueur. On ne saurait trop louer l'œuvre de cette sage prévoyance ; seulement je n'ai plus guère admiré la cascade : on y reconnaît la main de l'homme, ce n'est plus qu'une chute d'eau artificielle, et elle ne saurait produire l'effet de ces grands accidents de la nature.

Il est difficile néanmoins de ne pas être charmé par l'aspect général de Tivoli : soit lorsque, près du temple de Vesta, qui est lui-même un petit chef-d'œuvre antique, dont dix colonnes conservées forment le portique circulaire, on plonge ses regards sur les grottes de Neptune et des Sirènes, immenses rochers polis et usés par les eaux, accumulés sans ordre par les éboulements successifs ou peut-être soulevés primitivement par les forces de la nature, grottes retentissantes où un bruit éternel et harmonieux roule comme un solennel tonnerre ; soit lorsque vous embrassez en même temps et le fond caverneux de la vallée et les arbres vigoureux qui en redoublent la fraîcheur et les ombres (1), et les collines élevées et les montagnes lointaines. La vallée forme comme un vaste hémicycle dont vous saisissez tout l'ensemble. Allez par ce sentier qu'un général français a frayé (2) ; abandonnez-vous à votre imagination et à vos pensées, laissez-vous bercer au bruit du torrent, évoquez quelques souvenirs, quelques vers du poète :

En præceps Anio ac Tiburni lucus,

et les heures s'écouleront rapides et délicieuses. Longtemps après et bien loin de ces lieux, vous vous les rappellerez comme une des douces joies du voyage.

Enfin, avant de quitter ce séjour enchanté, on visite encore le palais de la Maison d'Este. Tout le monde sait l'importance de cette famille, le rôle qu'elle joua en Italie et ailleurs par la valeur personnelle de plusieurs de ses membres et l'illustration de ses alliances.

Ce fut le cardinal Hippolyte d'Este qui bâtit cette villa en 1549 ; il y dépensa des sommes folles et lutta de somptuosité et de luxe avec les plus grandes magnificences. Mais l'argent, le luxe même ne suppléent pas au bon goût. Presque partout ce sont, avec de riches détails, des bizarreries impossibles, des œuvres incohérentes, des simulacres de temples, de monuments, de paysages :

---

(1) *Me quoties gelidus reficit Digentia rivus.* (Hor.)
(2) Le général Miollis.

qui le croirait? Rome même en miniature, pendant que de l'une des terrasses (et c'est la plus grande beauté de ce princier séjour), on a la vue véritable et grandiose, le panorama admirable de la ville immortelle. Je m'en souviens, il était tard, mais l'horizon était pur, et dans ces contrées l'air est parfaitement diaphane ; on apercevait par de là la vaste plaine avec ses monuments et ses murailles, et surtout avec son grand dôme, dont l'immensité montait au-dessus de tout le reste, la majestueuse cité.

Elles étaient bien petites les imitations de ces réalités imposantes, ainsi que ces rochers factices, et ces petites cascades étouffées par le bruit des grandes eaux de Tivoli.

Disons, pour réparation de ce mauvais goût, et à la décharge du Cardinal : que sous son gouvernement il détourna, par un long canal, les eaux du lac Solfatara, qui se répandaient sur les campagnes et les stérilisaient. Ajoutons que cette villa splendide inspira l'Arioste, reçut les fresques de peintres illustres, tels que Zucchari, Mutien, etc. ; et enfin, comme minimes et curieux détails, qu'on y trouve des ifs ou cyprès de cent pieds de hauteur, les plus beaux peut-être qui soient dans le monde.

J'avais été attiré à Tivoli par Horace ; Cicéron m'appelait à Frascati. Frascati, en effet, n'est autre que l'ancien Tusculum. Comme les Romains d'autrefois, ceux de nos jours en apprécient l'air pur et la position enchantée, et comme, à certaines époques, l'air de Rome cesse d'être sain, les riches familles qui émigrent recherchent, sur les montagnes voisines de Frascati, qui n'est qu'à cinq ou six lieues de Rome, une habitation plus salubre.

Or, que ne réveille pas ce nom dans les souvenirs d'un

homme lettré ? Cicéron a écrit sur le culte des lettres des choses charmantes ; il les a poétisées, et sa parole est si sentie, on est si pénétré en le lisant, qu'on ne peut douter de sa conviction et du bonheur qu'il y puisait.

Pour moi, j'y adhère d'autant plus qu'il m'est lui-même plus sympathique, et que de tous les anciens il est, avec Virgile, celui qui me fait le mieux éprouver le charme de ces belles études.

Cicéron est incontestablement une des plus grandes figures parmi nos classiques. C'est un nom qui impose et un auteur plein d'attraits. Je sais ce qu'on peut dire de certaines faiblesses de son caractère, des défaillances de sa vie politique, et de l'imperfection de quelques-unes de ses doctrines ; mais il n'en reste pas moins pour moi un incomparable orateur et un homme de génie. Sa parole vous berce, son beau langage vous séduit, ses larges expositions, ses ingénieux raisonnements, ses nobles et irrésistibles mouvements vous donnent la mesure de l'art de bien dire ; on se représente, en le lisant, et l'agitation du Forum et l'empressement de ses auditeurs, et les inquiétudes de ses adversaires, et les frémissements d'admiration : quelle fécondité ! quelle abondance ! quelle puissance de savoir !....

Mais à Tusculum, ce n'est pas seulement l'orateur que j'évoque ; c'est le philosophe, le législateur, le penseur érudit, profond. Je le vois sous les ombrages de sa villa, comme Platon dans les jardins d'Académus, dissertant avec quelques amis sur les sujets et dans le langage les plus élevés, abordant et discutant avec une merveilleuse pénétration les questions fondamentales, et rédigeant ensuite ces nobles entretiens pour en doter la postérité.

N'est-ce pas à Tusculum encore qu'il dicta son beau livre des devoirs (*de Officiis*), traité étonnant, d'une morale ferme, précise, sévère? Ce qui ajoute au prix de ce livre, et en explique peut-être le mérite, c'est que, comme il le dit en commençant, il le composa pour son fils, pour l'initier à la philosophie morale et pour lui léguer, comme un legs sacré, ce manuel des devoirs, cette règle invariable dont, en mémoire de son père, il ne devait jamais s'écarter. Aussi, n'est-il rien de plus pur. L'amour paternel rendait encore plus châtiée cette raison pleine de rectitude.

Je le professe, ces livres philosophiques de Cicéron, ces Tusculanes et ce qu'il a écrit sur les lois, me paraissent d'une beauté et d'une élévation surprenantes. J'admire que la raison humaine ait pu atteindre jusque-là, et bien qu'il fût le premier à Rome à traiter ces questions philosophiques déjà familières aux Grecs, il me semble souvent le digne rival de Platon.

De cette villa de Cicéron il ne reste que des ruines incertaines, des grottes qui portent son nom ; mais qu'importe ! Son ombre plane encore pour ainsi dire sur ces collines et sous les ombrages. On croit l'y voir et l'on ressuscite dans ces souvenirs toute une civilisation lointaine. Ses livres à la main, on converse avec ce grand homme, on l'entend encore.

Si cette villa n'existe plus, elle est remplacée par d'autres nombreuses et magnifiques ; c'est même un sujet de surprise. Ce sont trois et quatre demeures vraiment princières qui se succèdent et se touchent avec leurs vastes terrasses, leurs nombreux et grands escaliers, leurs bassins, leurs chutes d'eaux, leurs cascades, leurs monstres marins et leurs statues mythologiques. Vous croiriez visiter plusieurs Versailles ; les espaces y sont considérables, les bois magnifiques, les demeures splendides. Vous y rencontrez des merveilles, des instruments mus par les eaux, des Parnasses complets, des marbres rares, et de tous côtés des aspects ravissants. Telle la villa Aldobrandini ; telle la villa Conti et plusieurs autres.

Quant à Frascati même, c'est une petite ville, dont les beautés s'éclipsent devant ces grandeurs qui l'entourent ; mais elle en jouit et les regarde comme ses appartenances.

Tout près de là (à quelques milles seulement), je fus conduit à un antique couvent de religieux grecs de l'ordre de saint Bazile. Rien de bien remarquable en apparence ; que pouvais-je espérer y voir ? Mais j'ignorais qu'un cardinal de la maison Farnèse avait jadis fait restaurer ce monastère ; et quelle fut ma surprise d'y trouver des chefs-d'œuvre du Guerchin, du Dominiquin, d'Annibal Carrache !

A la vue de ces fresques merveilleuses, je me demandais quel sentiment de l'art ou de la religion avait soutenu et inspiré ces grands peintres, lorsqu'ils se révélaient ainsi sur ces modestes murs et dans une chapelle peu fréquentée et peu considérable.

Au dixième siècle, deux saints célèbres, saint Nil et saint Barthelemi, se réfugiaient en ce lieu retiré et solitaire, fuyant les barbares Arabes qui désolaient la Calabre. Leur retraite devint illustre comme leur sainteté ; ils opéraient des miracles, et les empereurs venaient les visiter. C'est ce que reproduisent ces fresques dont je parle : dans l'une, saint Nil guérit un possédé par l'application de l'huile du sanctuaire.

Dans la seconde, l'empereur Othon III, environné de sa cour, aborde respectueusement le saint qui lui avait prédit ses grandeurs.

Dans la première, il y a tant de naturel, tant de vie, tant de foi et de puissance religieuse en même temps, dans le saint et les assistants ; l'enfant possédé a surtout une si extraordinaire expression, que cette scène me paraît (que Raphaël me le pardonne), supérieure à la scène semblable de sa Transfiguration.

La seconde peinture est majestueuse et pleine de force et d'éclat. L'empereur ne perd rien de sa dignité dans l'acte religieux qu'il fait, et le saint conserve toujours son humble douceur, malgré les hommages du souverain. Le Dominiquin s'y est peint lui-même dans le jeune homme qui tient la bride du cheval de l'empereur.

Je ne peux rendre l'effet de ces tableaux, ainsi que de la Madone du maître autel, d'Annibal Carrache, et de ces petites figures délicieuses peintes çà et là sur les murs, au-dessus des portes, partout où un ornement pouvait ajouter de la valeur à cette précieuse chapelle. Je me contente de dire que j'en suis sorti aussi ravi qu'étonné.

Assez près de ce village est la petite ville de Marino. Je ne la mentionnerais pas et je ne l'aurais pas visitée, si elle n'était en ce moment la résidence des zouaves pontificaux et du digne et brave abbé nantais (1), qui les accompagne. Cela devait être, c'est de Nantes que sont partis en plus grand nombre les jeunes gens qui ont voulu donner ce noble témoignage de leur foi et de leur dévouement au saint Siége : c'était dans le clergé de Nantes que devait se trouver le prêtre qui est leur aumônier. Et je dois dire qu'il remplit sa tâche en conscience. Tout à ses jeunes gens, qu'il sait maintenir dans les meilleurs sentiments et préserver contre les dangers d'une vie trop inoccupée, il leur consacre tous ses moments et son bon cœur. J'ai été heureux de lui serrer la main.

J'y ai aussi vu avec bonheur plusieurs de nos jeunes

---

(1) L'abbé Daniel.

gens connus, qui voyaient eux-mêmes avec joie un de leurs compatriotes ; c'était un dimanche, et j'en rencontrais beaucoup sur ma route. Pie IX était à son château de Gondolfo, qui est tout près, et ils avaient probablement l'espérance de le trouver à la promenade, comme cela arrive quelquefois.

Pour ces jeunes gens, ils voient en lui leur père ; ils sont venus se dévouer à son service, leur bonheur est de l'entourer, comme leur ambition, sans doute, serait au besoin de combattre pour lui. Mais leur zèle est souvent inactif. Je crains qu'ils ne puissent rendre à la papauté de grands services, et que le saint Père n'en retire actuellement une grande utilité. Néanmoins, qui pourrait s'empêcher de reconnaître, dans leur démarche, un acte de dévouement religieux, un témoignage rendu au pontiferoi, et un exemple remarquable dans nos temps de calcul et d'intérêt ?

De plus, je les plains de résider à Marino, car j'entends dire que c'est une des plus mauvaises localités des Etats de l'Eglise ; que cette population, en quelque sorte étrangère au milieu des populations environnantes, a des instincts mauvais et féroces ; que, méchante autant que traître, et cédant à toute l'impétuosité de ses passions, les crimes ne lui coûtent pas. Aussi, est-ce à Marino qu'a été inventé le mot qui signifie le coup de couteau : *la culteria*. Déjà plus d'une fois nos compatriotes en ont été les victimes ; ils sont forcés de se tenir constamment sur leur garde. Et les crimes qui se répètent de temps en temps, sont toujours enveloppés de silence, car la moindre révélation attirerait une terrible vendetta.

Et moi aussi je voulus approcher du moins de Castel-Gondolfo. Je n'espérais pas, ce jour-là, voir le saint Père ; il y avait grande réunion. C'était peu de jours avant le mariage de la sœur de François II : quelques princes étaient à Rome, attirés par ce mariage, et ils dînaient, ainsi que notre ambassadeur et d'autres sommités, à Castel-Gondolfo.

Ce château est, depuis Paul V, la maison de campagne des papes, et ils doivent l'habiter pendant une partie de l'été. Ce n'est point un palais somptueux, mais le séjour en est très sain et fort agréable par la facilité des promenades et par les aspects les plus magnifiques. De ses jardins et de sa demeure, des chemins qu'il parcourt, le saint Père embrasse cette voie Appienne, la plus magnifique des voies antiques (*Regina viarum*), des villes nombreuses, la campagne et sa Ville sacrée ; son regard se porte même jusqu'à la mer, dont la vue lointaine complète le tableau.

Et, près de ce château, on peut parcourir les bords charmants du lac d'Albano, l'une des curiosités de ce pays, et l'un des plus beaux sites de l'Italie. Des montagnes l'entourent : il a deux lieues de circuit et quatre cent quatre-vingts pieds de profondeur. C'est un abîme et le cratère d'un ancien volcan.

Dans le temps des grandes crues, ces eaux pourraient s'élever encore, et par quelque côté inonder les campagnes. Les Romains y ont pourvu, mais il y a longtemps. Je vous reporte à l'an 394 avant l'ère chrétienne, à l'époque du siége de Veïes, qui, comme on sait, dura dix ans.

Les Romains, fatigués, consultèrent Apollon Pithien. L'oracle répondit qu'ils prendraient la ville, lorsqu'ils auraient donné un écoulement aux eaux du lac. C'était, ce semble, les renvoyer aux calendes grecques. Mais non, ils entreprirent de percer la montagne qui borde le lac, et l'ouvrage fut poussé si activement, qu'au bout d'une année on eut un canal long d'un mille, large de trois pieds et demi et haut de six, ouvrage fait dans le roc vif, à coups de ciseaux, avec tant de soin, qu'il sert encore à cet usage, sans avoir eu besoin, depuis plus de deux mille ans, de réparation. C'est ce qu'on appelle l'émissaire du lac. *Labor improbus omnia vincit.*

Cette opiniâtreté triompha de la ville de Veïes comme du reste. Ceci me rappelle que l'Écriture, au livre des *Machabées* (Cap. I), définit en deux mots le génie des Romains et le secret de leurs continuels succès : ils subjuguèrent le monde, dit le texte, par le conseil et la patience, *consilio et sapientiâ*. Une fois arrêtés dans leurs projets, rien ne les détournait de leur exécution. Ainsi furent accomplis leurs immenses travaux, ainsi se réalisèrent leurs conquêtes.

Non loin de ce lac est la ville d'Albano. Son nom rappelle l'antique Albe, cette ville antérieure à Rome, et quelque temps sa rivale. Trahie par son dictateur Suffetius, elle fut prise et détruite par Tullus Hostilius. Plus tard, à l'époque de la seconde guerre punique, les Romains y établirent un camp : et telle est l'origine de l'Alba actuelle, ou Albano en souvenir des temps anciens.

Tout à Albano et aux environs rappelle la grandeur. Des monuments funèbres, aux proportions imposantes, n'ont pu appartenir qu'à d'illustres familles; les noms populaires et légendaires qu'on leur donne l'indiquent assez. L'un serait le tombeau d'Ascagne, fils d'Enée, à qui on attribue la fondation de la première cité d'Albe, et l'autre, celui des Horaces et des Curiaces, qui furent inhumés au lieu même où ils tombèrent, entre la voie Latine et la voie Appienne, plus près de Rome.

Le grand Pompée et l'empereur Domitien eurent en ces lieux de très somptueuses maisons de plaisance. Les

Romains y venaient fréquemment, comme on accourt à la grandeur et à la puissance. Le premier y reçut la sépulture, au dire de Plutarque, ainsi que sa femme, Julie, fille de César.

Tous ces souvenirs et la beauté de ces lieux, et l'air pur qu'on y respire, et les délicieuses promenades, attirent à Albano les nombreux visiteurs. Les peintres y viennent aussi, attirés par la beauté remarquable de cette population et l'éclat presque orientale de leurs costumes. J'y étais un jour de fête, tout le monde était sur pied. Les femmes avaient pris leurs plus beaux atours : une coiffure monumentale, mais qui va à merveille à ces belles têtes, leurs robes éclatantes, leur brillants corsages, l'agencement élégant et harmonieux de toute leur toilette, tout contribuait à faire ressortir la forte et puissante beauté de ces riches natures, aux yeux noirs et brillants, aux vives couleurs, à l'air joyeux, libre et épanoui.

Mais à quoi bon chercher à peindre ces magnifiques populations d'Albano? Qui ne les a vues dans les tableaux de nos grands peintres? qui ne les connaît, au moins par les *Moissonneurs* de Léopold Robert?

C'est le plus beau type, c'est aussi le plus beau costume de la contrée.

Un voyageur curieux ne s'arrêtera pas à Albano : il ira encore à Aricie, village qui garde le nom d'une des plus antiques villes d'Italie. De vieux murs, en blocs carrés réguliers, des restes de temple de Diane Aricine, et, plus loin, une grande chaussée de la voie Appienne, des murs énormes, percés de trois arcades pour l'écoulement des eaux, tels sont les restes curieux d'Aricie, telles sont les récompenses promises à l'archéologue et au voyageur qui les visitera.

L'ensemble de ces excursions est donc en totalité aussi

intéressant qu'agréable. Le pays est enchanteur, l'imagination, l'esprit, la vue, y trouvent de continuelles jouissances.

Sur bien d'autres points, le voyageur pourrait trouver encore un aliment à ses courses et à sa curiosité, et partout, avec des sites remarquables, il rencontrerait quelques traces d'antiquités, des souvenirs religieux et profanes et des chefs-d'œuvre des arts. Où trouver ailleurs, au même degré, pareille fortune ? Comment ne pas s'attacher à cette riche et délicieuse Italie, où tout est doux et enchanteur, même les noms.

Heureuses contrées, si rien ne venait troubler les éléments nombreux de leur bonheur! Mais hélas! comment les parcourir sans larmes, en les voyant si agitées, en entendant de tous côtés mugir le souffle des tempêtes ?

SIXIÈME LECTURE.

Des anciens monuments chrétiens de Rome. — Archéologie.

Je ne puis quitter Rome, sans envisager à un point de vue plus essentiellement chrétien que je ne l'ai fait jusqu'ici, la grande capitale de la religion. Je ne dirais pas mes impressions, je ne satisferais pas au besoin de ma foi et de mon cœur, si je ne considérais une dernière fois et plus à fond, ce que Rome contient de religieux, je dirais presque de divin.

Rien de plus intéressant, au reste, que l'étude même superficielle de ces richesses chrétiennes, où l'histoire, l'archéologie et l'art viennent ajouter leurs enseignements et leur charme au prix supérieur des impressions religieuses.

Quelques personnes ont dit, d'autres ont écrit qu'à Rome le sentiment chrétien ne pouvait que s'affaiblir. Je ne sais avec quels yeux et sous quelles inspirations ces personnes ont eu le malheur de voir la *Cité sainte*. Pour moi, elle m'a apparu comme une révélation authentique

et un témoignage irrécusable du christianisme. Et de
même que dans la capitale d'un royaume vient souvent
se résumer et s'inscrire de tous côtés l'histoire du pays
tout entier, ainsi, et plus que partout ailleurs, le christianisme est écrit et prouvé, vit et respire dans cette ville,
théâtre dès le principe et toujours des grands faits qui ont
fondé la religion, et dont elle est la base.

Héritière des antiques coutumes des Romains, cette ville
traditionnelle ne laisse rien périr. La fresque ou la sculpture tracent les faits, les inscriptions en précisent les
auteurs et les dates, les monuments les conservent et les
redisent à tous les âges. Mutilés ou complets, ces monuments subsistent. Tout est antique à Rome ; car, ou les
antiquités elles-mêmes sont debout, ou ce qui les remplace
les rappelle avec fidélité. Sans doute l'histoire religieuse
est écrite ; elle se retrouve dans les livres et les annales ;
les monuments littéraires sont nombreux et conservent
toute la force du plus imposant témoignage. Mais, par
impossible, ces monuments écrits viendraient à disparaître,
que cette histoire se relirait encore dans ces fastes de
marbre, dans ces inscriptions et ces tombeaux, dans ces
monuments de tous genres, que Rome renferme, qui en
font une ville à part, et dont je veux encore vous parler.

Ils sont si nombreux, que je n'aurai pas besoin de me
répéter, et que je rappellerai rarement ceux dont j'ai précédemment invoqué le souvenir.

Catacombes.

Je commence par les catacombes. Tout a été dit sur ce
sujet ; mais me pardonneriez-vous de ne pas vous en entretenir ? Qui n'est profondément bouleversé en entrant dans
ces lieux funèbres et sacrés ? Comment aurais-je pénétré

sous ces voûtes profondes ? Comment aurais-je parcouru ces saints labyrinthes, où tout retrace la foi primitive et les plus chers souvenirs des âges héroïques, sans en être fortement ému ?

Mais je chercherais en vain à mieux peindre ces saintes retraites, que ne l'a fait un de nos compatriotes, dont la religion et la science sérieuse égalent le talent. « Ces cavernes qui, pour la plupart, étaient d'anciennes sablonnières (*arenariæ*), creusées dans un espace immense, formaient un inextricable labyrinthe sous la campagne romaine et offraient un sûr asile aux malheureux proscrits. »

« Qu'on s'imagine des milliers de voies, étroites, basses, tortueuses, se croisant dans toute sorte de directions, affreuses solitudes, où les ténèbres sont éternelles, où la lumière elle-même des flambeaux faiblit, comme étouffée par l'humidité des miasmes qu'on y respire. A la tombée de la nuit, les chrétiens s'y enfonçaient comme des ombres ; ils y creusaient dans les parois trois ou quatre niches oblongues, les unes au-dessus des autres, pour y déposer autant de cercueils, puis, ils muraient l'entrée de ces niches. Dans chacun de ces cercueils, se trouvait le corps d'un disciple, avec les instruments de son supplice, s'il avait eu le bonheur d'être martyr ; quelquefois un écriteau portant son nom, une fiole de son sang, les insignes de sa dignité, et une couronne de fleurs, si c'était une vierge. C'était dans les carrefours de ce dédale de la mort qu'on célébrait l'office ; on y priait au milieu des siens, et tous les signes de destruction disparaissaient alors sous les symboles de l'espérance. »

Ainsi s'exprime M. Eugène de la Gournerie, dans son beau livre de *Rome chrétienne*.

Les catacombes sont nombreuses : il en est plus de douze que l'on peut encore actuellement visiter. Cimetières (1) ou *dortoirs*, ainsi que le dit la belle appellation chrétienne, elles forment une immense nécropole, dont les rues ajoutées les unes aux autres seraient beaucoup plus longues que celles de Rome, et formeraient, d'après les calculs, plusieurs centaines de lieues, à peu près la longueur de l'Italie tout entière.

Les richesses archéologiques de ces lieux sont immenses. Cela se conçoit. On y a retrouvé tout ce qui rappelle dans sa simplicité primitive et son énergique expression, nos antiques croyances. La nouvelle doctrine s'y formule, et dans les faits figuratifs de l'ancienne loi et dans les scènes divines de l'évangile : l'arche de Noë et la barque de Pierre, Moïse frappant le rocher et Jésus sur le roc mystérieux d'où découlent les torrents d'eau vive : le bon Pasteur, l'homme Dieu envoyant ses apôtres à travers le monde, avec ce commandement qui serait incroyable, s'il n'eût été accompli : *Allez, enseignez toutes les nations.*

L'art y est faible, souvent défectueux, quelquefois saisissant et sublime. Mais l'idée y ressort avec une mystérieuse nouveauté et un symbolisme plein de charme.

Ces régions de la mort ont eu leurs explorateurs et leurs historiens. Ils sont nombreux et illustres. L'un des plus connus, le chevalier Rossi, dont tout étranger peut mettre à l'épreuve la complaisance et le savoir, s'est attaché à ces catacombes, et des *reliques* qu'il en a extraites, il a formé un Musée qu'il appelle le *Musée chrétien*. Rangés par ordre chronologique et dogmatique, ces pieux débris forment un cours à peu près complet des croyances et des pratiques chrétiennes des premiers âges, et ils suf-

---

(1) Κοιμητηριον.

fisent à la constatation de la perpétuité de nos traditions.

Quelques hommes pourtant ont cherché à enlever aux catacombes leur caractère chrétien, à jeter des doutes sur les peintures et sur les monuments qu'elles renferment, à nier sur ce point la tradition séculaire : ils ne les ont représentées que comme des carrières abandonnées ou des sépultures vulgaires. Dernièrement encore, dans une revue célèbre, un critique hardi soutenait avec quelque érudition cette thèse un peu vieillie (1).

J'avoue qu'il ne m'a point ébranlé, que plusieurs de ses arguments m'ont paru contradictoires, qu'il m'a semblé souvent tourner au paradoxe et ne pas tenir un compte suffisant des preuves de ceux qu'il combat.

Pour moi, comme saint Jérôme au IVe siècle avec la jeunesse de Rome, je suis convaincu d'avoir visité dans ces réduits souterrains les lieux où se réunissaient nos pères dans la foi, d'avoir vu les sépulcres où résidèrent les premiers héros de la religion immortelle. J'ai parcouru avec un indicible respect ces longues et étroites avenues terminées de temps en temps par de petites places où s'élèvent des autels et où se célébraient les saintes agapes. J'ai considéré avec étonnement ces vieilles peintures, ces vieux emblèmes des premiers siècles qui disaient aux initiés les dogmes et les mystères qu'ils devaient savoir. J'ai trouvé partout des traces de notre foi, de nos traditions, de nos prières.

M. de Rémusat a pensé que les catacombes n'avaient pas servi d'asile aux chrétiens persécutés, parce qu'elles

---

(1) *Revue des Deux-Mondes,* juin 1863, un *Musée chrétien,* par M. de Rémusat.

ne sont que d'étroits couloirs qui se prolongent et où ils ne pouvaient se réunir.

Mais s'il en était ainsi, pourquoi ces issues nombreuses et dissimulées dans les propriétés particulières appartenant aux chrétiens, afin d'y pénétrer en secret et d'y pouvoir arriver en grand nombre et de tous côtés ?

A quoi servaient donc ces espaces plus étendus, ménagés de temps en temps dans les carrefours de ces longues avenues, et où l'on reconnaît encore l'emplacement d'un autel, les siéges du *presbytère* et où, d'ordinaire, quelque martyre illustre avait sa sépulture ?

Comment s'élever contre les témoignages que les inscriptions, les peintures, les pierres présentent encore de tous côtés ?

Pourquoi s'inscrire contre une tradition séculaire dont les premiers anneaux remontent à l'époque même des faits qu'ils attestent ? Peut-on oublier que Jérôme enfant, que je rappelais tout à l'heure, touchait à la génération qui avait vu les martyres; que lui et Damase, ce saint pape dont il était le secrétaire et l'ami, voyaient et affirmaient des faits presque contemporains ? Que le dernier, poète élégant et fécond, ornait de ses vers les tombes des cryptes saintes, et que Jérôme, dans ses érudits commentaires, disait ces paroles souvent citées et bien dignes de l'être :

« Lorsque tout jeune je m'adonnais à Rome aux études libérales, j'avais coutume de m'égarer le dimanche avec mes jeunes compagnons, dans ces lieux où sont les *tombeaux des apôtres et des martyrs,* et de m'enfermer dans ces cryptes creusées dans les entrailles de la terre, dont les parois à droite et à gauche sont garnies des corps des morts. Si épaisse est l'obscurité de ces lieux, qu'on croit voir se réaliser la menace du prophète : *Ils descendront vivants dans les enfers.* Parfois une faible clarté glissant par une étroite ouverture, tempère la silencieuse horreur des ténèbres ; mais si vous avancez encore d'un pas incertain, vous retrouvez la nuit profonde, et le vers de Virgile vous revient en mémoire. De toutes parts l'horreur pénètre vos âmes, le silence même vous glace d'effroi.

» *Horror ubique animos, simul ipsa silentia terrent.* »

(*Comment., in Ezech.*)

Ces catacombes si bien caractérisées étaient donc, de l'aveu de tous, au temps de saint Jérôme, la sépulture des saints et des martyrs. Et n'est-il pas aisé de comprendre que les persécutions si souvent renouvelées à Rome, et si cruelles contre ces hommes, dont l'innocence avouée ne pouvait désarmer leurs bourreaux, et qui, à défaut d'autres crimes, étaient accusés d'être *odieux au genre humain* (1) ou de *porter le nom de chrétien* (2), devaient leur faire rechercher, loin des persécuteurs et loin du jour, de plus sûres retraites ?

Si les catacombes sont en général d'étroits couloirs, à l'exception des petites places qui les coupent de temps en temps, en dehors de la ville plusieurs sont moins étroites et disposées un peu différemment. Les adeptes les plus courageux ouvraient sur leurs propriétés des issues secrètes dans ces asiles souterrains, et lorsque les enfants de la foi périssaient dans le martyre, ceux qui, au risque de leur vie, avaient enlevé leurs corps, étaient heureux de les cacher, pour les honorer, dans ces sombres demeures. C'était près de ces morts chéris et vénérés qu'ils venaient puiser dans la prière et le sacrifice le dédain de la vie et la force

---

(1) Tacite, *Annal.*
(2) Pline, *Lettre à Trajan.*

de la souffrance. Près d'eux, et souvent sur la pierre qui les couvrait, on célébrait les saints mystères, et c'était au sortir de ces pieuses réunions et de ces incomparables scènes, où tous les assistants, dans l'attente de la mort, participaient à la divine victime, qu'un auteur chrétien, peignant le saint enthousiasme du martyre, s'écriait : *Hac carne saginatus, hoc calice ebrius tormenta non sensit.* On n'ose traduire littéralement : Nourris de cette chair, enivrés de ce calice, ils ne sentaient pas les tourments.

Ainsi nos pères cachèrent longtemps dans ces épaisses ténèbres un culte proscrit et des vertus qui devaient sauver le monde. Et souvent même ils y furent poursuivis : car il est avéré que plus d'une fois les Empereurs persécuteurs firent fermer ces retraites et en obstruèrent les issues. Grand nombre de chrétiens furent victimes de cette cruauté, et les accès n'en furent découverts que longtemps après le règne de Constantin.

Une note que je dois à une main amie et habile vient confirmer, par un trait entre mille, l'usage des catacombes ; le fait est curieux. Saint Alexandre, qui fut martyrisé à Rome, reçut une honorable sépulture. Une noble dame romaine, nommée Severa, recueillit son corps comme un précieux gage. Aventius et Théodule, associés à son martyre, le furent également à l'honneur de sa sépulture, dans la propriété de Severa, sur la voie nomentane. Une petite basilique souterraine, construite sur ces tombes, consacra leur mémoire. Tout cela était écrit et consigné dans les *actes des martyrs*. Mais on avait perdu la trace de ce monument et on ne savait où en retrouver l'entrée. Or, en 1855, le chevalier Rossi l'a découverte. Ayant lu la description du martyre de saint Alexandre, et ayant trouvé des indications précises de la translation des corps, il suivit pas à pas la description, et fut assez heureux pour retrouver cette basilique, qui est un monument original et curieux, mais qui est, en outre, le centre d'une *catacombe* où des routes nombreuses viennent aboutir.

Cette basilique souterraine est à cinq ou six mètres au-dessous du sol ; le plan en est parfaitement conservé. Elle était composée d'une nef au bout de laquelle était le sanctuaire. Avant la nef était une sorte de *pronaos*, séparé d'elle par trois entre-colonnements. Les colonnes, les unes entières, les autres brisées, se dressent encore dans la place qu'on leur avait assignée. Elles devaient être couronnées par des plates-bandes et non par des arcs, et le dessus de la basilique, couvert en terrasse, formait le sol d'une cour des constructions de la noble Sevara. Et tout cela afin de dissimuler à tous les regards l'existence de ce précieux sanctuaire, dont on ne peut nier la destination.

Ajoutons que, pour se faire une idée des catacombes et ne pouvoir conserver aucun doute sur leur primitif usage parmi les chrétiens, il suffit de savoir ce qu'elles contenaient, et d'en faire, pour ainsi dire, le recensement exact. Dans la seule catacombe de saint Calixte furent déposés les corps de quatorze papes et de cent soixante-dix mille chrétiens, dont un grand nombre de martyrs. Il est vrai, cette catacombe est la plus vaste : elle a six milles de profondeur, environ trois lieues. Dix mille martyrs ou chrétiens reposent, en attendant la résurrection, dans la catacombe de saint Zénon, sans énumérer les autres.

On a argué contre les catacombes et les annales des martyrs de quelques détails controuvés, de quelques récits légendaires ou embellis, mais ces détails, loin de les détruire, confirmeraient au contraire la certitude générale des faits. Ces erreurs, plus ou moins rares, altération du vrai, montrent sur quel fondement elles reposent. Certes, on ne fait pas un objet de foi de chacun des actes des martyrs, mais les érudits savent avec quel soin et quelle critique un très grand nombre a été recueilli et quelle immense moisson présente en ce genre l'histoire religieuse.

M. de Rémusat a traité très légèrement le récit du martyre de sainte Cécile et de ce qui s'y rattache. En cela, il n'a pas été heureux. On peut, sous ce rapport, renvoyer les lecteurs curieux au récit sérieux et docte d'un critique d'un rare mérite, le R. P. dom Guéranger, abbé de Solesmes, dans sa vie de sainte Cécile. Mais pour nous borner à notre sujet, et sans entrer dans la discussion, nous rappellerons que si, d'une part, dans l'histoire du martyre de sainte Cécile, il est question des saints Tiburce, Valérien et Maxime, et de la sépulture de la grande sainte aux catacombes de saint Calixte, par ordre du pape Urbain; de l'autre, tous ces faits sont confirmés dans les catacombes elles-mêmes.

Les inscriptions y portent encore :

SANCTIS MARTYRIBVS TIBVRTIO
BALERIANO MAXIMIANO....

Quant au tombeau de la sainte, il y est encore apparent à tous les yeux. Mais pour plus grande démonstration de la vérité, poursuivons. Là ne se termine pas la sainte épopée. Les noms et les souvenirs de tous ces héros demeurèrent inséparables dans l'histoire religieuse. Une belle et bien curieuse église fut élevée à sainte Cécile, sur le lieu même où avait été sa demeure. Rien ne fut épargné pour en faire un beau temple. Visitons cette église. Pascal Ier y fit transporter de saint Calixte ses restes sacrés et ceux des martyrs associés à ses destinées et à ses souffrances : il plaça près d'eux le corps du pape Urbain, qui avait été pour ces martyrs l'instrument des divines miséricordes. Voilà donc les mêmes faits des catacombes confirmés de nouveau par ce second et puissant témoignage. Ce sont les écrits, c'est en même temps un monument, qui parlent, et il n'est pas facile de les démentir.

Là, dans cette belle église, se voit, au principal autel, le magnifique tombeau de l'illustre martyre : un marbre vivant représente la Vierge pudique s'enveloppant chastement en tombant devant ses bourreaux. Et dans un des côtés de l'église existe encore la chambre de bain de Cécile, où l'on s'efforça de la faire périr en l'étouffant. Ce ne sont pas là des récits légendaires, mais le souvenir matériel et impérissable de faits pieusement conservés.

Sainte Cécile rappelle cette jeune fille presque enfant, Agnès, autre gloire de Rome, si chère à la jeunesse de cette ville, et si bien célébrée par saint Ambroise. J'ai parlé déjà de sa basilique sur la place Navone, au lieu où elle fut persécutée et soumise à d'infâmes épreuves. Mais c'est en dehors de la ville, sur la voie nomentane, que fut édifiée sur son tombeau la belle basilique où elle repose. Tout respire encore la plus haute antiquité dans ce monument célèbre où se retrouvent toutes les formes de la basilique civile des Romains. C'est Constantin lui-même qui la construisit à la prière de Constance, sa fille, et comme un témoignage de la reconnaissance de cette princesse envers la sainte.

Sans parler des beautés que cette église renferme, je dirai seulement qu'on y voit encore au sanctuaire une mosaïque du temps d'Honorius. Crypte elle-même, puisqu'on descend à cette église par un bel et vaste escalier de quarante-cinq degrés, elle fait partie d'une catacombe actuellement interdite dans ses plus grandes profondeurs. On y admire des peintures d'une ravissante beauté, les plus belles peut-être des catacombes. Je fais surtout allusion à la fresque merveilleuse de la petite chapelle dite de Jésus-Christ. Les arabesques en sont délicieuses ; les petits sujets, tels que fleurs, colombes avec le rameau d'espérance, d'une perfection rare ; et les quatre grands sujets beaucoup plus remarquables encore. Ces sujets sont : le premier homme aux jours de l'innocence ; Adam et Ève sous l'arbre de la tentation ; une *orante* ou femme en prière ; et au-dessus de tout, Moïse frappant le rocher et en faisant jaillir les eaux. Les draperies, l'attitude, la majesté simple empreinte dans toute sa personne, rappelle le beau antique dans sa perfection.

Et pourtant un autre type plus auguste et plus parfait encore, qui ne semble pas avoir son analogue dans les œuvres antérieures, caractérise une tête de Christ qui a été récemment découverte dans ces mêmes lieux. Jamais nos grands maîtres dans leurs meilleures inspirations n'ont rien produit de plus majestueux et de plus divin.

Une des catacombes les moins considérables, mais non des moins intéressantes, est celle de Saint-Sébastien sur la voie appienne, car c'est là que se trouve, au chevet de l'église, le caveau creusé dans le roc et voûté, auquel on a donné le nom inexpliqué de Platonia. Il n'y a pas de tombeau plus sacré et plus authentiquement vénéré. C'est là que furent d'abord déposés dans une sorte de puits creusé au centre de ce caveau, les corps des bienheureux apôtres Pierre et Paul, avant qu'on pût en liberté leur décerner des tombeaux et des honneurs, leur ériger des basiliques. Les souvenirs primitifs y sont vivants. De longues inscriptions en vers du pape Damase y attestent les mauvais jours, la foi aux martyrs, et la translation encore récente de ces précieux ossements.

En descendant dans ce saint sépulcre, les yeux rencontrent sur les murailles des décorations artistiques du plus grand prix ; un Christ — chose rare dans les catacombes — y étend avec une physionomie divine ses bras sur la croix. De religieuses peintures ont été découvertes sous une couche de nitre et mises à nu. Mais on ne s'arrête que subsidiairement à ces pieux et intéressants détails : l'esprit est tout entier à la pensée chrétienne ; on en est saisi. On se sent avec une sainte émotion dans le premier des cimetières chrétiens.

On serait bien coupable d'aller à Rome sans pénétrer dans cette Rome souterraine, sans parcourir et interroger quelques parties de la sainte nécropole. Je n'avais garde d'y manquer. Sans parler du *cicerone* qui nous guidait, j'avais deux compagnons précieux, l'un par sa science et sa connaissance des lieux et des choses, l'autre tout jeune Romain, par la naïveté impétueuse de ses impressions. Cette vivacité empressée et ardente, je l'éprouvais moi-même, au point d'étonner notre conducteur. Je provoquais et je devançais ses réponses, je devinais ses pensées. J'avais peine à contenir les miennes ainsi que mes émotions.

« Voyez, me disait-il, cette tombe de martyr, touchez cette pierre du sacrifice. Ici reposèrent les premiers pontifes de la religion. De ces cryptes, les Soter, les Caius, les Fabiens, les Félix exhortaient les fidèles, consacraient les évêques et donnaient leur mission aux premiers apôtres. Là, Urbain caché au milieu des tombeaux conférait le baptême à Valère et à Tiburce, et assigna cette place pour la sépulture de l'illustre Cécile.

» Voyez ces fresques simples et naïves, elles datent de ces siècles héroïques. Les puissants et les riches, les savants et les habiles furent rares d'abord parmi nos pères. Des mains peu exercées ont tracé ces images. Quelques traits se ressentent de l'art païen qu'ils n'ont pas désappris. Et pourtant voilà des représentations aussi pures que gracieuses : ces femmes, emblêmes de la prière, ces beaux tableaux de la virginité et de la maternité, ces scènes évangéliques, et ce Christ, expression nouvelle d'un art nouveau, inspiration au-dessus de la nature matérielle et du beau de la forme. Cet art cherche dans un idéal spiritualisé une autre beauté dont l'âme est la source et qui remonte à Dieu. »

Pendant qu'on contemple ces choses, rien ne vous distrait. Aucun bruit ne vient de la terre. A droite et à gauche des tombeaux, quelques restes de la mort, ou une poussière qui n'en garde même plus la trace. Si vous parlez, la voix vous revient des sombres profondeurs et fait entrer fortement la pensée dans votre esprit. Votre imagination concentrée est tout entière au service de votre âme qui médite, et loin de dépasser, elle n'égale même pas les réalités qui vous entourent. Cette solitude, ce silence ont la plus imposante grandeur. Abstraits de ce monde, vous cessez un instant d'en subir les illusions, vous vivez avec les hôtes de ces lieux : vous êtes à dix-sept siècles en arrière, avec ces générations dont les sublimes courages se dressent devant vous, et les voix de ces milliers de morts et de saints ont une telle force, qu'elles évoquent tous les souvenirs et toute la puissance de la religion.

Si la parfaite ressemblance frappe vivement parce qu'elle rappelle fortement les objets, la présence des lieux vous émeut également, parce qu'elle ressuscite les personnes et les choses. C'est une évocation du passé, et dans les catacombes, quels lieux ! quel passé ! quels souvenirs ! un berceau, une tombe, un autel, quoi de plus touchant. Ces mille tombes, c'est le berceau de la religion et son premier autel !...

Mgr Gerbet, dans son livre : *Esquisse de Rome chré-*

tienne, a parlé longuement et admirablement des catacombes. Je ne l'ai point relu ; il m'eût fallu le copier. Mais je veux citer, comme complément ou supplément de ce que j'ai dit moi-même, et comme une page remarquable de notre langue, sa description de la destruction graduelle et lente du corps humain dans les catacombes. Je la trouve dans un bel et spirituel article de Sainte-Beuve sur cet éminent écrivain. Cette page est le développement et le commentaire du mot de Bossuet, lorsqu'il dit, d'après Tertullien, en parlant du cadavre de l'homme : « ce je ne sais quoi qui n'a de nom dans aucune langue. » L'auteur y étudie le néant humain « le travail, non pas de la mort, mais de ce qui est après la mort. »

« En les parcourant (les catacombes), dit Mgr Gerbet, vous passez en revue les phases de la destruction, comme on observe dans un jardin botanique les développements de la végétation, depuis la plante imperceptible jusqu'aux grands arbres pleins de sève et couronnés de fleurs. Dans un certain nombre de niches sépulcrales, qui ont été ouvertes à diverses époques, on peut suivre en quelque sorte pas à pas les formes successives de plus en plus éloignées de la vie, par lesquelles ce qui est là arrive à toucher d'aussi près que possible au pur néant. Regardez d'abord ce squelette ; s'il est bien conservé, malgré tous ses siècles, c'est probablement parce que la niche dans laquelle il a été mis est creusée dans un terrain qui n'est pas sec. L'humidité qui dissout tant d'autres choses, durcit ces ossements, en les recouvrant d'une croûte qui leur donne plus de consistance qu'ils n'en avaient lorsqu'ils étaient les membres d'un corps vivant. Mais cette consistance n'en est pas moins un progrès de la destruction. Ces ossements d'hommes tournent à la pierre.

» Un peu plus loin, voici une tombe dans laquelle il y a

une lutte, entre la force qui fait le squelette et la force qui fait la poussière : la première se défend, la seconde gagne, mais lentement. Le combat qui existe en vous et en moi entre la mort et la vie sera fini, que ce combat entre une mort et une mort durera encore longtemps. Dans le sépulcre voisin, tout ce qui fut un corps humain n'existe déjà plus, excepté une seule partie, qu'une espèce de nappe de poussière un peu chiffonnée et déployée comme un petit suaire blanchâtre recouvre, et d'où sort une tête. Regardez enfin dans cette autre niche : là il n'y a décidément plus rien que de la pure poussière, dont la couleur même est un peu douteuse, à raison d'une légère teinte de rousseur. Voilà donc, dites-vous, la destruction consommée ! Pas encore : en y regardant bien, vous reconnaîtrez des contours humains. Ce petit tas qui touche à une des extrémités longitudinales de la niche, c'est la tête : ces deux autres tas plus petits encore et plus déprimés, placés parallèlement un peu au-dessous, à droite et à gauche du premier, ce sont les épaules : ces deux autres les genoux. Les longs ossements sont représentés par ces faibles traînées, dans lesquelles vous remarquez quelques interruptions. Ce dernier calque de l'homme, cette forme si vague, si effacée, à peine empreinte sur une poussière à peu près impalpable, volatile, presque transparente, d'un blanc mat et incertain, est ce qui donne le mieux quelque idée de ce que les anciens appelaient une ombre.

» Si vous introduisez votre tête dans ce sépulcre pour mieux voir, prenez garde, ne remuez plus, ne parlez pas, retenez votre respiration. Cette forme est plus frêle que l'aîle d'un papillon, plus prompte à s'évanouir que la goutte de rosée suspendue à un brin d'herbe au soleil; un peu d'air agité par votre main, un souffle, un son deviennent ici des agents puissants qui peuvent anéantir en une seconde ce que dix-sept siècles peut-être de destruction ont épargné. Voyez, vous venez de respirer, et la forme a disparu. Voilà la fin de l'histoire de l'homme en ce monde. »

Quelle belle mais funèbre perspective de notre misère mortelle ! L'auteur s'en inspire et la domine, pour s'élever à ce qui est au-dessus de toute destruction, au principe de vie et d'immortalité. Mais je l'abandonne dans ces considérations, et finis en citant un chant échappé à sa brûlante émotion, un jour qu'il avait de nouveau visité les catacombes.

Comme un prophète saisi du divin enthousiasme, il dicta ces stances (1) où respirent dans de beaux vers une religieuse intuition et le sentiment profond des grandes choses que ces lieux révèlent.

> Hier, j'ai visité les grandes catacombes
> Des temps anciens :
> J'ai touché de mon front les immortelles tombes
> Des vieux chrétiens :
> Et ni l'astre du jour, ni les célestes sphères,
> Lettres de feu,
> Ne m'avaient mieux fait lire en profonds caractères
> Le nom de Dieu.
>
> Un ermite au froc noir, à la tête blanchie,
> Marchait d'abord
> Vieux concierge du temps, vieux portier de la vie
> Et de la mort ;

(1) Ces stances peuvent être chantées. L'auteur indique l'air *du fil de la Vierge,* de Scudo. Elles s'harmonisent à merveille avec ce chant mélancolique et rêveur, où l'âme cherche, à travers le ciel et l'éther, des régions mystérieuses et de divines révélations.

Et nous l'interrogions sur les saintes reliques
    Du grand combat,
Comme on aime écouter sur des exploits antiques
    Un vieux soldat.

Un roc sert de portique à la funèbre voûte ;
    Sur ce fronton
Un artiste martyr, dont les anges sans doute
    Savent le nom,
Peignit les yeux du Christ, sa chevelure blonde,
    Et ses grands yeux,
D'où s'échappe un rayon d'une douceur profonde
    Comme les cieux.

Plus loin, sur les tombeaux, j'ai baisé maint symbole
    Du saint adieu,
Et la palme, et le phare, et l'oiseau qui s'envole
    Au sein de Dieu :
Jonas après trois jours sortant de la baleine
    Avec des chants ;
Comme on sort de ce monde après trois jours de peine,
    Nommés le temps.

C'est là que chacun d'eux près de sa tombe prête,
    Spectre vivant,
S'exerçait à la lutte ou reposait sa tête,
    En attendant ;
Pour se faire d'avance aux jours des grands supplices
    Un cœur plus fort,
Ils essayaient leur tombe, et voulaient par prémisses
    Goûter la mort !

J'ai sondé d'un regard leur poussière bénie,
  Et j'ai compris
Que leur âme a laissé comme un souffle de vie
  Dans ces débris,
Que dans ce sable humain qui dans nos mains mortelles
  Pèse si peu,
Germent pour le grand jour les formes immortelles
  Des fils de Dieu.

Lieux sacrés, où l'amour pour les seuls biens de l'âme
  Sut tant souffrir,
En vous interrogeant j'ai senti que sa flamme
  Ne peut périr ;
Qu'à chaque être d'un jour qui mourut pour défendre
  La vérité,
L'Être éternel et vrai, pour prix du temps, doit rendre
  L'éternité.

C'est là qu'à chaque pas on croit voir apparaître
  Un trône d'or,
Et qu'en foulant du pied des tombeaux je crus être
  Sur le Thabor !
Descendez, descendez au fond des catacombes,
  Aux plus bas lieux,
Descendez, le cœur monte et du haut de ces tombes
  On voit les cieux.

Mais déjà le froid pénètre vos membres et vous avertit de songer au retour. A mesure que vous avez avancé dans le saint labyrinthe, l'impression a grandi. Vous êtes silencieux, vous ne vous communiquez que de rares et graves réflexions, l'âme est toute au-dedans. Les lueurs vacillantes de vos pâles flambeaux menacent de s'éteindre. Sortez de ces lieux à jamais sacrés, mais emportez avec vous cette impression mystérieuse que la religion donne à l'âme et qui — c'est son exclusif privilége, — met puissamment en contact, malgré le temps et la mort, les esprits et Dieu, ces hôtes de l'éternité !

SEPTIÈME LECTURE.

Suite des monuments chrétiens. — Saint-Clément.

Même après avoir visité les catacombes, l'intérêt ne faiblit pas et l'âme n'est pas moins émue en visitant quelques sanctuaires et notamment Saint-Clément.

Cette église était déjà une des plus curieuses de Rome, mais elle est réputée maintenant à juste titre la plus intéressante au point de vue de l'archéologie catholique.

D'abord, elle offre dans son entier les dispositions primitives de ces monuments. Une petite cour où quatre colonnes forment un portique, précède l'atrium, cour plus vaste, garnie de fontaines et environnée de portiques latéraux, où l'on attendait et où l'on se préparait, avant la réunion des assemblées dans l'église.

L'église proprement dite, malgré ses reconstructions partielles et successives, est encore la basilique pure, avec ses trois nefs et ses compartiments obligés. Le pavé, très ancien, est composé de mosaïques rehaussées de pierres précieuses. Les colonnes sont de marbres remarquables. Au milieu de la nef, un pilastre annonce une seconde disposition. Là commençait le chœur réservé aux officiants.

Les ambons sont aux deux côtés, pour faire au peuple les lectures saintes ou les prédications. L'un d'eux a un pupitre, sur lequel le prêtre ou le lecteur posait son livre. Derrière ce chœur est le sanctuaire proprement dit, avec les dispositions anciennes. L'autel d'abord, et derrière, les places du *presbyterium*, et notamment, au milieu, le siége principal ou *cathedra*, qu'occupait l'évêque, et d'où les églises cathédrales tirent leur nom.

Au-dessus de ces siéges et dans la circonférence de l'abside règnent des fresques et mosaïques d'une exécution imposante ; elles sont, dit-on, du XIIIe siècle, mais elles ont toute la gravité et la majesté de la plus belle époque bizantine.

Au rang le plus élevé, on voit le Christ avec ses apôtres dans un verdoyant paysage, et au-dessous, le même sujet symbolisé : le Christ est l'agneau distingué par son nimbe divin, et douze brebis autour de lui représentent ses apôtres et l'ensemble de son troupeau : *pasce agnos, pasce oves*.

Cette église est respectable par son antiquité. Au commencement du Ve siècle, en 417, le pape Zozime y tenait un concile, et y condamnait l'hérétique Célestius. Une inscription incrustée à la muraille en fait foi. Sous l'autel reposent les reliques les plus vénérables : ce sont les restes de saint Clément, ce disciple et coadjuteur de saint Pierre, et ceux d'un des plus illustres martyrs, Ignace d'Antioche, broyé par la dent des lions, dont les lettres heureusement conservées sont un des précieux monuments et des plus imposants témoignages de l'âge apostolique.

Mais on ne soupçonnait pas que cette église elle-même, bien que bâtie sur la demeure de saint Clément, n'est pas le primitif sanctuaire. Il n'y a pas plus de dix ans que, par un hasard providentiel, on fut amené à faire quelques fouilles sous le sol de la basilique. Quel fut l'étonnement de rencontrer un chapiteau, puis un fût de colonne, puis un autre, et enfin, par des travaux habilement menés, toute une église correspondant à l'église supérieure ! Mais, ce qui ajoute à l'étonnement et complète le bonheur de cette découverte, c'est que les éboulements du sol, l'entassement des matériaux n'ont détruit ni les formes et dispositions de l'édifice, pas même quelques ornements accessoires, tels que des sculptures, ni, ce qui est infiniment plus précieux, les peintures murales dont ce monument était complètement revêtu.

Je ne saurais dire avec quel sentiment de joie curieuse mêlée de respect, je suis descendu, par des sentiers difficiles et à demi dégagés, dans ce sanctuaire, l'un des premiers qu'ait élevé la foi de nos pères, et où cette foi se lit inscrite de toutes parts. Un clerc qui nous précédait faisait briller sa longue torche pour éclairer les parois élevées et obscures, et nous faire lire ces pages peintes, ces prières, ces inscriptions, ces scènes de martyrs. Là j'ai vu des mosaïques et des peintures d'une étonnante conservation, une partie du martyre de saint Pierre, dont on voit les pieds attachés au haut de la croix, et d'autres encore, des prières pour les morts et un tableau où sont peints et dénommés les uns après les autres, saint Lin, saint Clet et saint Clément, dont des critiques contestaient la succession comme souverains pontifes.

On ne peut rien voir de plus saisissant. C'est une exhumation imprévue, et sur bien des points, un démenti plein de surprise donné à des assertions téméraires. C'est comme une nouvelle catacombe qui confirme le témoignage de toutes les autres.

Baptistères.

Au nombre des monuments curieux de la Rome chrétienne, il faut ranger les baptistères, ceux surtout qui remontent aux premiers âges de nos églises. Le baptistère de Constantin fut érigé par ce prince dans son palais du Latran, tout près de la première église qu'il fit élever, et au lieu même où des mains du pontife Sylvestre il reçut le saint baptême.

C'est un beau monument octogonal, remanié sans doute, et plus d'une fois restauré, mais conservé dans sa forme primitive. Des témoignages du Ve siècle nous l'attestent. Deux rangs de colonnes placés l'un sur l'autre soutiennent une coupole. Les premières, de porphyre d'Egypte, au nombre de huit, portent un entablement antique; les secondes sont d'un beau marbre blanc. Ainsi que l'église à laquelle il se rattache, ce baptistère est dédié à saint Jean-Baptiste, dont huit tableaux représentent les faits principaux, et plus bas sont peints les grands traits de l'histoire de Constantin, et entre autres le concile de Nicée auquel Constantin prit tant de part.

Il y a à Rome une multitude de vases immenses et d'urnes antiques, de pierres plus ou moins précieuses. Presque tous les baptistères des églises ont quelqu'un de ces précieux antiques. Au baptistère de Constantin, c'est une urne de basalte élevée au milieu d'une vaste cuve, entourée d'une balustrade, qui sert de fonts baptismaux.

Que de richesses encore dans ce seul monument! Deux petites chapelles latérales attirent l'attention par leurs belles colonnes : les unes d'un serpentin plus dur que le fer, les autres d'un albatre oriental d'un prix extrême. Joignez à cela des mosaïques superbes et des peintures de maîtres, telles que le saint Philippe de Néri environné de jeunes enfants. On attribue cette peinture à Michel-Ange ; mais si elle est de lui, il avait ce jour là dérobé les pinceaux de Raphaël et avec ses pinceaux sa plus suave manière.

Le baptistère de Constantin rappelle celui de Constance, sa fille, près de l'église de Sainte-Agnès, que cette princesse affectionnait tant. Inutile d'en entreprendre la description, je ne veux parler que des fresques extrêmement curieuses et certainement antiques qui décorent la voûte. Comme elles sont composées d'arabesques, de fruits, de palmes, d'hommes foulant la vendange, quelques auteurs ont voulu attribuer cette œuvre à un temple païen. Mais rien n'y indique d'une manière absolue le paganisme. C'est une église où, d'après Ammien Marcellin, les restes de la famille impériale de Constantin avaient été déposés et qui y demeurèrent jusqu'à la fin du siècle dernier. Ces peintures sont l'œuvre d'artistes chrétiens ; seulement, ces artistes sortaient du paganisme : ils en avaient, comme nous avons dit, les traditions, les éléments et le faire, et ils empruntaient à l'art qu'ils avaient pratiqué jusque là, les éléments les plus acceptables.

Un art ne s'improvise pas, les traces de la transition du paganisme au christianisme devaient être sensibles, mais déjà l'esprit nouveau et la forme nouvelle prennent le dessus. L'art, comme la littérature, est le reflet des temps, des croyances et des mouvements de la société.

En France les baptistères sont rares. Une place souvent assez médiocre est réservée même dans nos grandes églises aux fonts baptismaux : tandis qu'en Italie on rencontre fréquemment de beaux et importants édifices consacrés à cet usage. Avant de s'incorporer à la Religion et d'entrer dans l'Eglise, il fallait se régénérer dans un premier sanctuaire, et cet acte si important, auquel à certains jours des multitudes prenaient part, demandait bien un grand et spécial monument. Des restes célèbres de cet antique usage se retrouvent en plusieurs endroits de l'Italie. Le baptistère de Pise est l'une des remarquables beautés de cette ville, jadis si puissante. En sortant de sa magnifique cathédrale, de son *campo sancto* merveilleux, de sa tour penchée qui donne le vertige, on visite avec grand intérêt ce vaste édifice circulaire dont la belle coupole a la sonorité d'une cloche immense et qui vous renvoie en accords les notes harmoniques que vous lui avez chantées. A Florence, l'édifice n'est guère moins important et également beau; la sculpture lui a prodigué ses ornements, et les plus belles sortes de bronze qu'on puisse voir dans le monde y ajoutent encore à son prix.

Saint-Jean-de-Latran.

La Latran était le palais de Constantin. En ayant fait la demeure des papes, il y bâtit la première basilique, dédiée à saint Jean, et elle en porte le nom : Saint-Jean-de-Latran. Elle se nomme aussi la basilique dorée, à cause des richesses qu'on y avait accumulées. Son plafond magnifique fut couvert de lames d'or, présent royal de Ferdinand d'Espagne. Ce prince croyait que c'était à Dieu que devait revenir, comme un légitime tribut, le premier or que lui procurait le Nouveau-Monde, récemment découvert.

Saint-Jean-de-Latran porte cette inscription : *Sacrosancta Lateranensis Ecclesia omnium urbis et orbis Ecclesiarum mater et caput.*

C'est l'église propre de l'évêque de Rome et celle dont il prend possession lorsqu'il est élu pape.

Peut-être faut-il rappeler ici que le pape a trois titres : il est évêque de la ville de Rome, siége principal fondé par saint Pierre et première église du monde; il est patriarche de l'Occident par la suprématie de son siége épiscopal; il est enfin pontife suprême de l'église universelle. C'est au premier titre que Saint-Jean est l'église cathédrale de Rome et l'église d'où part *l'enseignement et le rayon du gouvernement* (1).

Je ne veux point insister sur la description de cette illustre basilique. Si tout n'y est pas d'un goût pur, on n'en admire pas moins les vastes proportions, les cinq nefs correspondant aux cinq portes du grand portique de la façade, dont une, la *porte sainte,* est murée et ne s'ouvre qu'à l'époque des jubilés. Les âges successifs et les libéralités des grands noms de Rome et du dehors y ont déposé des trésors et des chefs-d'œuvre, car il y en a et en grand nombre, dans ces chapelles de Corsini, de Martin V, dans l'autel du Saint-Sacrement, dans ce hardi tabernacle de l'autel principal orné de pierres précieuses, dans ces mausolées, ces sculptures et ces peintures — Boniface VIII publiant entre deux cardinaux le jubilé de 1300, et la statue colossale de Constantin trouvée dans ses thermes et placée actuellement sous le grand portique, etc., etc.

Mais au point de vue religieux, cette basilique de l'empereur pacificateur de l'église, où Sainte-Hélène déposa en partie les saintes richesses de la Judée, où tant de solennelles assemblées proclamèrent la doctrine, où sont conservés et vénérés la table où le sauveur célébra la Cène et les chefs sacrés des apôtres Pierre et Paul, et près duquel un cloître charmant est devenu un riche musée chrétien; cette basilique, dis-je, est digne du plus haut intérêt, et provoque l'examen le plus sérieux.

Et pour comble d'enchantement, sur cette place de Saint-

---

(1) Bossuet, *discours sur l'unité de l'église.*

Jean, devant cette sainte basilique, vous jouissez de la plus majestueuse perspective : dans le lointain, les monts jaunâtres et sévères de la Sabine, à leurs pieds les solitudes romaines, des plaines sans fin ; à travers les steppes, les lignes nombreuses des vieux aqueducs, les débris du fameux aqueduc de Néron ; plus rapprochées, sur les collines du Latium, des villas verdoyantes ; tout près de vous les anciens murs de Rome, et sur la place enfin le plus bel obélisque de la vieille Egypte, comme pour résumer les âges antiques et incliner devant la religion immortelle du Christ les souvenirs du monde païen.

Sainte-Croix. — La Scala-Sancta.

C'est tout près que se trouve l'église de Sainte-Croix de Jérusalem. — Toujours des souvenirs de l'époque constantinienne. — C'est l'église de Sainte-Hélène, où cette pieuse princesse déposa la traverse de la croix du Christ et d'autres reliques précieuses.

Tout près encore est la chapelle de la Scala-Sancta, les degrés de marbre du prétoire de Jérusalem, qu'à la même époque on transféra de la ville sainte à Rome, degrés que Jésus-Christ monta et descendit le premier, usés maintenant par les genoux des pèlerins, recouverts par d'épais madriers, renouvelés souvent eux-mêmes. Et moi et bien d'autres nous gravissions ces degrés avec bonheur, et je remarquais dans la foule une partie de la famille d'un de nos généraux illustres.

Une sculpture d'une rare expression me frappa au pied du saint escalier. C'est un groupe de marbre représentant Judas donnant à son maître le baiser de la trahison. Les lèvres du traître touchent les lèvres divines. Le maître comprend et est résigné : lui, Judas, a l'expression la plus finement astucieuse et perfide qu'il soit possible d'imaginer. On ne peut arrêter ses regards sur ce chef-d'œuvre sans éprouver la plus douloureuse impression. C'est bien là que cette sculpture devait être posée; elle ajoute encore à l'impression de ce lieu saint. On croit y entendre l'*ecce homo*, le *crucifigatur*, et Pilate apparaît livrant le juste, en se lavant lâchement les mains.

Sainte-Marie-Majeure.

Que n'aurais-je point à dire de Sainte-Marie-Majeure, l'une des plus belles et des plus grandes basiliques de Rome, dont les annexes vastes comme des églises, regorgent des richesses les plus extrêmes ? « Je n'aime pas cette église, me disait un visiteur. — Et pourquoi ? — Elle est trop belle, tant de richesses me distraient, on n'y peut prier. » C'est, en effet, son seul défaut, et bien d'autres le lui pardonneront.

La piété à Marie fut toujours si vive à Rome, que depuis 352, époque de la miraculeuse fondation de cette église (1),

---

(1) Du temps du pape Libère, Jean, patricien romain et son épouse, d'illustre naissance, fort riches et sans enfants, désirèrent constituer la Vierge Marie leur héritière, et lui demandaient avec instance de leur faire connaître ses volontés. Une nuit, il leur fut révélé que la Sainte-Vierge désirait qu'ils lui érigeassent une église au lieu et dans la forme indiqués par la neige qui recouvrait le mont Esquilin ; c'était au mois d'août, au temps des plus grandes chaleurs. Ce phénomène, vérifié et reconnu merveilleux, confirma la vérité de la révélation que le pape Libère avait eue également de son côté. De là la dénomination de *Notre-Dame-des-Neiges*, donnée à cette église. On l'appelle encore *Maria ad præsepe*, à cause de la sainte crèche, ou enfin *Sainte-Marie-Majeure*, à raison de ses grandes dimensions.

les dons, les monuments, les chefs-d'œuvre s'y sont entassés, grâce à la foi et à la générosité des fidèles, des princes et des plus illustres familles. On ne saurait à quelle somme évaluer les frais de construction des chapelles de Sixte-Quint et de Paul V (Borghèse), et les chefs-d'œuvre qu'elles renferment en rendent actuellement la valeur littéralement inappréciable.

Car comment se faire une juste idée de cette profusion de marbres rares, de pierres précieuses, de bronzes étincelants, de splendides décors, de statues, de peintures du plus haut prix? Bien des millions ne rendraient pas la valeur matérielle de ces tombeaux, de ces autels, de ces colonnes, de ces raretés qui s'étalent de toutes parts.

Ces deux chapelles se disputent le prix. L'opinion générale se prononce néanmoins pour la chapelle de Paul V. Tout en conservant l'ordonnance de la chapelle sixtine du Saint-Sacrement, elle la dépasse encore par la richesse et par la perfection des détails. C'est dans la première et dans un petit monument à part que la dévotion romaine croit conserver et révère les restes de la crèche de Bethléem. Et c'est près de cet édicule, que se trouve une statue d'un saint tenant l'enfant Jésus dans ses bras. On peut dire de ce marbre qu'il respire, il sourit, il pleure, il est vivant. C'est un chef-d'œuvre qui émeut. On ne peut mieux rendre l'amour heureux et ravi d'un saint en extase. Je crois que c'est l'œuvre du Bernin.

On remarque aussi beaucoup parmi les pendentifs de cette chapelle une femme voilée. L'illusion du voile est frappante. Ce sont de ces difficultés que les habiles artistes italiens affrontaient volontiers. Je me souviens avoir vu à Naples, dans une chapelle fameuse, un christ en marbre recouvert de son suaire diaphane et dont le corps est tout visible sous cette mince enveloppe. Dans cette même chapelle, trois ou quatre statues présentent la même difficulté vaincue et avec le même bonheur.

Cette église de Sainte-Marie-Majeure est une grande école de mosaïque. Celles de la nef sont anciennes et fort curieuses. D'après les maîtres dans la matière, si elles ne remontent pas au Ve siècle, comme celles du grand arc qui précède l'abside, elles sont du VIIIe, et celles de l'abside, supérieures encore, sont du XIIIe siècle. Cette dernière date n'est pas douteuse, car l'œuvre est signée : JACOB. TORRITI. PICTOR. HOC. OPVS. MOSIAC. FEC.

Saint-Pierre in Vincoli. — Les reliques et les chaînes de saint Pierre.

Un grand bonheur à Rome, et on ne l'obtient pas toujours, c'est de voir ce qu'on appelle les grandes reliques. Grâce à quelques démarches actives et habilement menées, je parvins à obtenir une autorisation pour Sainte-Croix de Jérusalem et pour Saint-Pierre in Vincoli où se trouvent les chaînes dont saint Pierre fut chargé par Hérode. Je ne manquai pas d'en parler à mon hôtel de la Minerve, et maintes personnes me prièrent de les faire jouir de mon privilége. La troupe était nombreuse et diversement composée : quelques prêtres, quelques jeunes hommes et un jeune ménage parisien fort intelligent, deux habiles touristes.

Ne pensez pas que ces trésors soient exposés sans gravité, à la légère et sans aucun cérémonial. A Sainte-Croix, il nous fallut attendre la présence d'un Père et des permissions minutieuses. Ce prêtre dut revêtir des ornements sacrés et prendre l'étole. Assisté de clercs portant des flambeaux, il exposa les objets vénérés et les offrit à la piété respectueuse des assistants. Des paroles d'une foi vive et la prière accompagnent cette cérémonie et commandent à tous le respect.

A Saint-Pierre-ès-Liens, il m'a semblé que le cérémonial et la forme étaient plus solennels encore. Ces chaînes sacrées sont renfermées sous trois clefs dont une aux mains du Pape, la seconde aux mains d'un cardinal, et la troisième au pouvoir du supérieur du couvent annexé à l'Eglise.

Après une prière, ces chaînes vous sont présentées ; on vous permet de les toucher, on vous les met aux poignets ; avec un des anneaux, on vous en enserre le col. En sentant le froid de ce fer, dans ce lieu sacré, sous l'influence religieuse qui vous gagne, l'impression est très-vive.

Avec un peu de foi et de mémoire, les réflexions et les sentiments affluent au cœur. On se dit que les chaînes, après tout, sont chose possible. Qu'elles lient quelquefois les princes et les rois ; que souvent, dans la suite des âges, les chefs de l'Eglise en ont subi les étreintes, mais que néanmoins la force spirituelle de Pierre ne fut jamais liée par elles et qu'il en triompha toujours.

Mais, dira-t-on, à quoi bon vénérer ces chaînes ?... Eh ! mon Dieu, c'est une faiblesse qui remonte haut. Ces chaînes de Pierre ont inspiré de nobles accents au plus éloquent des Pères de l'Eglise, saint Chrysostome. « Rien de beau
» comme de porter des chaînes pour le Christ. Si quel-
» qu'un a l'amour du Christ, il comprend ce que je dis.
» S'il est consumé de cet amour, il sent la force et la
» dignité de ces chaînes. En être chargé pour J.-C., c'est
» plus que de siéger à sa droite. Oh ! que je voudrais être
» à Rome où elles sont conservées ! Quelle joie de voir
» ces chaînes que les anges révèrent et que l'enfer re-
» doute ! Ô heureux liens ! ô mains heureuses qui en avez
» subi les étreintes ! Si j'avais vécu dans ces temps, que

» n'aurais-je pas fait pour avoir le bonheur de vous
» baiser ! J'aimerais mieux être Pierre chargé de ses
» chaînes que l'ange qui vint l'en délivrer. Je voudrais
» sans cesse redire ces choses, etc., etc. »

Quant à saint Augustin, qui n'était pas un esprit faible, il n'en a guère parlé avec moins d'éloquence, et il dit que c'est *avec juste raison que toutes les églises révèrent ces chaînes apostoliques.*

Aussi bien, les chaînes pour la justice et la vérité, c'est le suprême honneur et la gloire immortelle. De tout temps, de semblables chaînes ont fait la gloire de ceux qui les ont portées et l'opprobre de ceux qui les imposaient. Et notons-le bien, dans les siècles où la force morale n'est pas absolument à l'ordre du jour et où la matérialité peut aisément prévaloir contre le droit, le culte des chaînes, qui n'est pas contagieux, ne peut être que *bien porté.*

Ce que je peux affirmer, c'est que cette séance à la sacristie de Saint-Pierre-ès-Liens fut d'un grand effet. Le lendemain, au déjeuner de la Minerve, on s'entretenait beaucoup du petit pèlerinage de la veille, et ce jeune parisien, dont j'ai parlé, me dit avec toute la gravité dont il était capable : Oh ! Monsieur, j'ai rêvé toute la nuit des chaînes de saint Pierre.

Rome est remplie, d'un bout à l'autre, des souvenirs de ce genre, depuis la basilique de Saint-Pierre jusqu'au fond du Transtevere et jusqu'au Forum. Ici, cette vieille église de Marie *in Transtevere*, si ancienne, si renommée, à laquelle se rattache, d'après la tradition romaine, un prodige qui concorderait et avec les livres sybillins et avec la naissance du Christ; une source d'huile aurait jailli de la pierre où fut fondé l'édifice. Là, les églises de Sainte-Praxède et de Sainte-Pudentienne, filles du sénateur Pudens, qui le premier donna l'hospitalité à cet étranger

Galiléen, nommé Pierre, et en reçut, en échange, la foi chrétienne. Là, que de mémorables souvenirs des persécutions ! Un puits où fut précipité saint Calixte et des centaines d'autres après lui, et des traces non effacées de ces exécutions cruelles, qui pourtant n'effrayaient pas ces nobles jeunes filles, car la mission qu'elles s'étaient donnée était de recueillir le sang des martyrs. Et au-dessous de la petite nef latérale, on montre un petit appartement bien antique, bien religieusement conservé, où saint Pierre qui l'habita, dit la pieuse chronique de Rome, offrait le saint sacrifice.

Prison Mamertine.

Enfin j'abrége, et termine seulement par un mot de la prison Mamertine. Je l'ai citée ailleurs comme un grand souvenir païen. A ce point de vue, il pénètre d'horreur. On croit encore entendre les plaintes étouffées des condamnés montant la scala des Gémonies. Dans la prison même, on est effrayé des longues tortures et des cruels supplices des illustres victimes. Ce lieu redoutable était composé de deux prisons superposées : la première construite dans le roc par Ancus Martius, quatrième roi de Rome, était encore assez grande. Elle avait plus de vingt pieds de long, et seize de large. Mais elle était sans air et sans issue ; on y descendait par une ouverture creusée au sommet. Servius Tullius, sixième roi, compléta ce lieu lugubre. Au-dessous de la Mamertine il fit la Tullienne, beaucoup moins spacieuse, plus obscure, plus humide, où l'on ne descendait que par une ouverture plus étroite encore. C'était là qu'étaient jetés les plus grands coupables, les grandes victimes. L'espoir ne pénétrait point dans ce dernier abîme, et s'ils ne mouraient point d'angoisses et d'effroi, ils y périssaient ou de faim ou de mort cruelle. Dans leurs tortures ou leurs défaillances, dans les sanglants apprêts de la mort, ils servaient d'horrible spectacle aux habitants de la Mamertine, et leurs corps à demi déchirés aux aspérités des gémonies tombaient dans le cloaque, ou traînés à travers le Vélabre étaient précipités dans le Tibre.

Je sais toutes ces choses, et quelque horribles qu'elles soient, je n'en doute pas. Sur la foi de Varron et de Tite-Live, je crois aux auteurs de ces sombres cachots; sur la foi de Salluste, de Cicéron et d'autres, je crois aux supplices des Jugurtha, des complices de Catilina, des Séjan, etc. Sur la foi de l'historien Joseph, je crois que dans cette même prison périt, par ordre de Titus, Simon le chef des Juifs au siége de Jérusalem, pendant que l'empereur triomphait et montait au Capitole.

Et maintenant, j'achève l'histoire de cette prison. Sur la foi des historiens de Rome chrétienne, sur la foi de la tradition constante et du culte perpétuel dont ce lieu fut l'objet, je crois que dans cette prison furent renfermés les saints apôtres Pierre et Paul, et que le premier y convertit ses geôliers Martinien et Processe. Les autorités qui me déterminent sont moins anciennes et ne sont pas moins graves. C'est le témoignage unanime et la tradition constante de la ville de Rome et de la religion. Aussi, à dater de cette époque, cet horrible cachot est un lieu vénéré, au-dessus s'élève une église; on y célèbre un culte de charité et de clémence. Et depuis les origines chrétiennes on n'a cessé d'y venir retremper sa foi et son courage. J'ai eu le bonheur d'y descendre moi-même.

Par une inspiration peut-être malheureuse, Monseigneur Forbin de Janson, l'ancien missionnaire, a fait pratiquer dans le roc un escalier pour descendre dans cette prison

Mamertine. J'aurais mieux aimé y pénétrer par le soupirail : c'est une altération apportée à ces lieux sacrés ; ils sont pourtant encore assez imposants.

Au moment de pénétrer dans ce respectable sanctuaire, j'aperçus sur la place deux de nos jeunes soldats. « Venez avec nous, leur dis-je, vous serez heureux d'avoir visité la prison des bienheureux apôtres. — J'avoue que je ne parlai pas de Jugurtha. — Et de retour au pays, vos familles aimeront à vous entendre redire les belles choses de la ville de Rome. » Ils vinrent avec empressement ; comme nous ils visitèrent avec émotion ces cachots souterrains, et je leur disais : « Ici étaient les saints apôtres. Voici la fontaine qui jaillit sous leurs pieds. Vous êtes au commencement de la religion. Vous tenez les premiers anneaux de la chaîne qui nous y rattache » et les larmes leur venaient aux yeux.

J'ai vu les beaux et splendides palais, j'ai vu les musées et les richesses antiques léguées par les souverains, j'ai parcouru les expositions célèbres, j'ai visité Pompéï, je n'en ai point gardé *dans l'âme* les mêmes souvenirs, les émotions n'étaient point les mêmes, elles n'étaient ni aussi douces, ni aussi solennelles, ni aussi vives. O Religion ! ta puissance est grande ; tu es, comme a dit quelque part Lacordaire, la grande et impérissable passion de l'humanité.

ADDITIONS.

J'ai omis, et à dessein, une multitude de ces religieuses curiosités de Rome. Mon but spécial ne me permettait pas de m'étendre sans mesure. Je le répète, Rome en est pleine, souvenirs anciens, souvenirs plus récents : car dans cette ville rien ne se perd. Visitez certaines communautés, certaines maisons désignées, et vous y verrez les restes précieux des Saints et des hommes illustres des différents âges. Quoi de plus curieux que les chambres de saint Ignace, de saint Louis de Gonzague, de saint François-Borgia et les objets à leur usage conservés avec un soin respectueux ? Ailleurs, tout ce qui a rapport à saint Philippe de Néri, ce protecteur de Rome, à saint Benoist-Labre, etc.

Il y a à Rome plus de trois cents églises, et il n'y a pas de jour que dans quelqu'une on ne célèbre avec une pompe spéciale un vieux souvenir rendu souvent vivant par le lieu même et par les objets qui le rappellent. Il faudrait même *faire* cette année liturgique à Rome, pour avoir une idée exacte de ses richesses et de la variété attrayante de son culte.

Et parmi ces églises, quelles merveilles dans un genre

ou dans un autre, dont je n'ai pas même cité les noms !
Rien, ou à peu près, de cette grande et majestueuse église
de Saint-André *Della valle* avec ses immenses proportions,
ses larges voûtes, ses fresques superbes.

Rien de cette église de la Minerve (1), malgré son beau
Christ de Michel-Ange, la seule église à Rome qui soit
du style gothique, et que les Dominicains enlaidissent en
ce moment, en la surchargeant d'ornements et de marbres
splendides.

Rien de ces deux églises de la puissante compagnie de
Jésus. Cette église de Saint-Ignace, que ne renferme-t-elle
pas de richesses et de beautés dans ses autels, dans ses
tableaux de grands maîtres, en orfévrerie et sculptures ! La
majestueuse fresque de la voûte principale, dans ses grandioses dimensions, est peinte avec une telle verve, avec tant
d'éclat et de puissance, que l'auteur, le P. Pozzi, me
semblait s'être rapproché d'Annibal Carrache et de Michel-
Ange.

L'effet de cette immense peinture est fort curieux. En
pénétrant dans le temple, on ne peut se rendre compte de la
scène grandiose qu'on a au-dessus de sa tête et qui est
l'apothéose de saint François-Xavier. Tous les personnages
paraissent disparates et mal posés. Mais cherchez sur le
pavé un endroit indiqué par un marbre noir, c'est là qu'est
le point de vue, et alors tout change d'aspect. Vous saisissez ces étonnantes réductions. Les raccourci, les poses
étranges, tout s'harmonise, et présente aux regards, avec
mille difficultés vaincues, un ensemble plein de majesté et
de force.

(1) Le vrai nom est Sancta-Maria-sopra-Minerva ; cette église,
dédiée à Marie, fut construite sur les ruines d'un temple à
Minerve érigé par Pompée après ses victoires.

Et assez près de là, ce *gesu,* comme on l'appelle, vaste comme une cathédrale, et l'une des plus splendides églises de Rome : ses voûtes, sa coupole, ses fresques, ses autels, tout y est remarquable. Les deux chapelles de la Croisée excitent l'étonnement, sinon l'admiration, tant les proportions, les matériaux, les efforts de l'art, tout y est extrême. C'est à l'autel de Saint-Ignace que se trouve, outre des châsses d'argent et les marbres les plus rares, cette fameuse pierre de Lapis Lazulli, la plus grosse que l'on connaisse en ce genre. Placée au centre d'un fronton, où est sculptée la sainte Trinité, elle représente le globe du monde. Que de fois, au sortir de ce riche sanctuaire, j'ai dit en riant à mes amis : Que ne puis-je emporter au moins une pierre de cette église ! Et je l'avoue, ce ne serait pas pour la conserver, je fais peu de cas de cette pierre en elle-même, mais que ne ferait-on pas avec ce bloc énorme, qui vaut peut-être plus que son pesant d'or?

Quelques mots des monuments charitables et de statistique.

Il est encore un autre aspect de Rome qui serait curieux à explorer, et ce ne serait plus alors une simple satisfaction de l'esprit, mais un grand et salutaire exemple qu'on en pourrait retirer. Je sais que, sous plus d'un rapport, Rome laisse à désirer; et souvent, au point de vue matériel et pour la bonne et sage administration de la cité, j'ai regretté que la capitale catholique n'ait pas fait plus d'emprunts à l'habile mécanisme de nos administrations modernes. Mais, sous d'autres rapports et des plus importants, au point de vue, par exemple, des institutions de bienfaisance, quelle ville l'emporte sur Rome? Là, l'esprit catholique et charitable s'est développé et épanoui sous toutes ses formes. C'est peu de dire que toutes les misères y ont leurs remèdes ; il faut ajouter que les institutions charitables y atteignent d'énormes proportions. Ces œuvres sont de merveilleuses fondations dont les familles les plus illustres ont fait largement les frais. Ces œuvres y ont même peut-être, plus qu'ailleurs, un caractère humain et approprié soit aux conditions naturelles, soit aux faiblesses de l'existence humaine. Ainsi nulle part on n'a fondé plus d'œuvres pour favoriser les mariages et ouvert plus d'asiles au repentir.

Toutes ces institutions ne sont pas d'hier. Ce qui fait la richesse de Rome sous ce rapport, c'est qu'elle a conservé les legs des siècles, et aussi que la catholicité tout entière y a contribué. Quel peuple catholique ne tenait à avoir à Rome son établissement et son Œuvre ? Ne suffit-il pas de nommer Saint-Louis-des-Français, Saint-Yves-des-Bretons, Saint-Jérôme-des-Esclavons, etc.

Mais ici reviennent les perpétuelles critiques contre les mœurs relâchées de Rome. Ces critiques se trouvent partout, les voyageurs et les étrangers les répètent avec la fidélité des échos. Il faut presque du courage pour s'inscrire contre et leur donner une sorte de démenti. Eh bien ! pourtant, pour l'acquit de ma conscience, je dois dire que je n'en crois absolument rien.

Toute grande ville renferme sans doute des éléments de mal et de démoralisation ; trop d'étrangers de toutes sortes fréquentent Rome, et un grand nombre avec la volonté arrêtée de lui nuire ; la liberté individuelle y est trop réelle, pour qu'il n'y ait pas, dans une certaine mesure, des déréglements. Mais ce que personne ne peut nier, c'est que plus que dans une autre grande ville, l'extérieur y est décent, qu'on n'y rencontre aucune de ces excitations mauvaises, si communes ailleurs ; que ces femmes, opprobre de leur sexe, dont la corruption s'étale partout dans nos cités, même de second ordre, n'apparaissent nulle part à Rome. On n'y trouve donc que le mal qu'on veut y chercher. Il ne vous obsède pas partout, il ne dresse pas partout ses piéges éhontés, et de là, à moins qu'on ne nie les effets de l'exemple et la force contagieuse du mal, j'ai droit de conclure que le mal et la corruption doivent être moindres.

Je déclare en toute sincérité que, pendant tout le temps que j'ai résidé à Rome, je n'ai rien vu qui ait choqué mes regards. Qui pourrait en dire autant, après le moindre séjour dans quelque capitale que ce soit?

Je n'ai point à m'occuper du côté politique de Rome. J'ai dit, dès le principe, que je voulais m'en abstenir. Mon profond attachement au chef suprême de la religion et le sentiment d'amour que m'a inspiré la personne de Pie IX, ne m'empêchent pas de comprendre les améliorations possibles, et qui se préparent, soit dans quelques branches de l'administration, et notamment de la justice et de la police, soit dans la répartition de certaines fonctions extérieures, et tenant aux choses de ce monde. Plus le pouvoir du Saint-Père sera libre, dégagé de pression étrangère, et plus il accomplira les progrès utiles. On peut tout attendre d'un souverain qui a donné de si magnifiques exemples de sage bonté et de fermeté inébranlable.

L'état actuel de Rome et de Pie IX est quelque chose d'inoui. C'est à dérouter tous les philosophes et les hommes d'Etat. Quoi de plus faible et quoi de plus fort? Qui n'a prédit cent fois leur chûte : et le Pontife conserve dans sa plénitude son indépendance : indépendance d'action, indépendance de parole. Et il se conduit avec ce qu'il y a de plus fort et de plus redouté dans le monde, comme s'il était le premier souverain du monde. Et, dans le fait, il est le plus fort, car il ne demande rien pour lui : ce qu'il veut, ce qu'il défend, ce qu'il proclame, ce n'est pas la force, ce n'est pas le succès, mais *le droit*.

J'écris ces mots, au lendemain du jour, où plus courageux que ne peuvent l'être des gouvernements, il flétrit d'horribles oppressions et prend en mains la cause d'un peuple généreux et foulé aux pieds (1); au lendemain du jour, où menacé lui-même dans ses petits états, il offre aux deux Amériques divisées sa médiation paternelle.

Chose prodigieuse, lorsque, il y a plus d'un an, j'étais à Rome, je m'étonnais du calme résigné et confiant que je trouvais partout, et depuis cette époque, malgré les causes croissantes d'appréhension, il en a toujours été de même. Ne serait-ce pas parce que ce rocher de la papauté, battu si constamment par la tempête et qui a vu passer tant d'orages, peut résister à tout, et qu'il s'est accoutumé aux bruits de la tourmente?....

On rencontre à Rome une multitude d'hommes forts et de caractères bien trempés. Je veux parler en ce moment, non de la masse des habitants, mais de ces esprits cultivés, mûris dans de fortes études, accoutumés à envisager les affaires au point de vue universel de la catholicité, et dominés par les convictions invariables de la religion. Ce ne sont pas des hommes ordinaires : la science, la maturité, la pratique des affaires, des traditions, rien ne leur manque, pour en faire un véritable aéropage. On n'y cultive pas au même degré qu'ailleurs toutes les sciences, — et encore Rome fournit des savants dans tous les genres, — mais les sciences pratiques, politiques, religieuses et morales,

(1) Allocution de Pie IX, le 26 avril 1864, à la Propagande, sur la Pologne.

qui forment les hommes d'Etat, y ont toujours des maîtres consommés et de fervents disciples.

Et il faut convenir que l'état ecclésiastique et religieux favorise aussi ce progrès, et se trouve une condition naturelle et excellente pour cette constitution de Rome. Que de liberté et de loisirs pour l'acquisition et le perfectionnement de ces sciences sociales ! Quelle position avantageuse dans ce centre où tout vient aboutir, où tous les événements ont leur contre-coup ! Car, qu'on le veuille ou non, tout ce qui se passe dans les sphères de la politique et du monde a son côté moral et son intérêt religieux, et, à ce titre, vient se réfléchir dans ce grand miroir où Rome voit et juge toutes choses dans leur valeur absolue, dans leurs principes et leur portée, à la lumière pure et dégagée du juste et du vrai.

Et pourtant on se tromperait, si l'on croyait que la population religieuse et ecclésiastique excède un chiffre relativement restreint. On peut se rappeler à ce sujet les fabuleuses exagérations d'Alexandre Dumas, aux jours où il se transformait en historiographe d'un révolutionnaire hardi et en insulteur de la papauté. Ces affirmations étranges m'avaient donné l'idée de rechercher dans quelle mesure il y avait eu de l'impudence dans le mensonge.

Voici le relevé exact de la population (année 1861), tel que je l'ai recueilli sur des documents officiels. Le chiffre s'élève à 197,078 habitants, répartis comme suit :

Cardinaux	29
Evêques	35
Prêtres et clercs	1.529
Séminaristes	339
Religieux	2.509
Religieuses	2.031

Elèves des colléges, conservatoires, refuges, pensionnats (des deux sexes)............ 2.036
Personnel des instituts de charité (des deux sexes)............................. 2.128
Familles............................ 41.087
Hommes............................. 96.152
Femmes............................. 91.034
Mariés.............................. 30.365
Veufs............................... 4.094
Veuves.............................. 9.342
Militaires........................... 4.893
Détenus............................. 152
Hétérodoxes......................... 361
Juifs............................... 4.486

Rome renferme actuellement six séminaires (dont un français et deux pour les deux Amériques), dix-neuf colléges pour diverses nations et catégories, seize instituts de charité, quinze conservatoires et vingt-huit pensionnats pour les filles, etc.

Tout ceci ne concorde guère avec les énumérations d'Alexandre Dumas, tirées, disent quelques-uns, d'un autre journal (1), adoptées du moins par l'un et l'autre. Cette statistique est trop curieuse, pour ne pas la reproduire.

« Cardinaux, prélats, gens d'église, moines de tous ordres qui vivent dans le luxe et dans l'intrigue, 48,000.

» Une seconde fois, moines et religieuses, 10,000.

» Mendiants payant patente de 1re classe pour exercer leur profession sur les marches de *Saint-Pierre*, 1,000.

» Mendiants payant patente de 2e classe, 4,000, etc.... »

(1) *L'Opinion nationale.*

Au lieu des mille mendiants *exerçant* sur les marches de *Saint-Pierre,* j'en ai toujours rencontré à peu près de six à douze. Une fois, il est vrai, je fus accosté dans l'église même, par une dame qui me dit d'un accent dont je fus peu touché : « *una comtessa caduta,* » mais il n'est pas nécessaire d'être à Rome pour rencontrer de ces *comtesses déchues* qui n'inspirent qu'une médiocre confiance.

En somme, je ne vois pas que cette population romaine mérite tous les reproches qu'on lui adresse. Elle n'a pas et ne peut pas avoir l'industrie, ni l'animation de nos villes commerciales. On n'y connaît pas cette activité fiévreuse qui nous consume. Les besoins de la vie matérielle y sont beaucoup moindres, on se contente de peu ; la double intempérance de nos climats est inconnue parmi les Romains, et tout le monde sait que les besoins de la vie sont l'aiguillon le plus puissant de l'homme. Les peuples très sobres, qui vivent de peu, dans un climat doux et fertile, ne consentiront jamais à tourmenter leur existence par ces rudes travaux que nous imposent nos besoins, et que double notre luxe.

Dites que les Romains pourraient avoir plus d'activité, plus d'industrie, demander à un travail plus suivi un bien-être qu'ils n'ont pas ; qu'ils pourraient, par de vastes entreprises, par une grande et générale culture, rendre à leurs campagnes leur antique fertilité, à la bonne heure. Mais que les préventions et les antipathies politiques ne fassent jamais attribuer à un peuple les vices qu'il n'a pas, ni oublier les conditions à part qui devraient le protéger, et qui le rendent heureux.

L'étranger qui passe à Rome et n'en voit que la surface est souvent sévère et souvent trompé. Celui qui y séjourne et en pénètre les habitudes et les mœurs, presque toujours s'y attache, en dit du bien et s'y trouve heureux.

Quoi qu'il en soit, mon but n'est point de faire l'apologie absolue de la population romaine, mais seulement de protester contre d'évidents mensonges et contre des préjugés que je trouve mauvais et mal fondés.

Pie IX. — Une audience au Vatican.

Je disais tout-à-l'heure que j'aimais Pie IX, et je crains que cet aveu ne rende défiant pour ce que je veux en dire. Et pourtant, s'il fallait, pour en parler avec justice, ne pas l'aimer, il n'aurait de juges et d'historiens impartiaux que ceux qui n'auraient vu ni lui ni ceux qui l'approchent. Car c'est un fait avéré, c'est chose reconnue, que nul n'échappe à la séduction qu'exerce Pie IX. Et certes, sans aborder ici la peinture du Pontife, c'est en lui un trait distinctif rayonnant et glorieux. Il y a des ennemis du Pape, de sa souveraineté, des doctrines qu'il représente, de la politique du Pontife : Pie IX personnellement n'a que des amis.

On peut en demander la raison; elle n'est pas cachée, elle n'a rien de mystérieux, elle saute aux yeux, elle fait battre les cœurs. Pie IX est aimé de tous, parce qu'il est vraiment bon et aimable, ou plutôt parce qu'il n'est qu'amabilité et bonté. Il réalise de la manière la plus parfaite ce rôle sublime qu'il remplit ici-bas de père universel par l'affection, par l'amour. Image frappante du Christ qu'il représente, son cœur, comme celui de son maître, déborde de bonté. De ses lèvres, de ses regards, de son sourire il ne s'échappe que de la bienveillance et de l'affection paternelle et tendre.

Par un beau privilége et comme par une touchante harmonie, la Providence lui donna un extérieur aimable, noble et beau. Sa pose, son regard, sa voix, toute sa personne a du charme et de l'attrait, et dans cette bonté tout est si vrai, que chacun en est pénétré.

On pourrait croire que les événements, les tristes expériences, les ingratitudes, les haines ont agi sur cette âme et aigri ce caractère; qu'ils y ont au moins déposé une empreinte de tristesse sévère et de mélancolie réservée. Il n'en est rien. Pie IX ne sait qu'aimer et bénir, et personne n'a jamais surpris sur ses lèvres une parole haineuse ou dure.

Je crois que ces qualités, admirables en sa personne, et d'un si beau relief dans les circonstances qu'il a traversées, sont dues, en grande partie, à l'excellente et pure nature dont Dieu l'a doué. Mais je suis encore plus convaincu qu'elles sont surtout le fruit d'une exceptionnelle vertu. C'est un témoignage que lui rendent à l'envi tous ceux qui l'approchent. J'ai eu trop rarement ce bonheur, pour que ma parole ait un grand poids : je dirai pourtant l'impression que m'a faite le Pontife. Dans *les fonctions* où je l'ai vu, mes regards ne le quittaient pas. Son attitude est celle d'un ange, la prière intime, recueillie, ardente, s'échappe de son âme, comme les aspirations et respirations de sa poitrine; sa figure a le doux rayonnement de la foi; on ne peut surprendre, pendant des heures, ni la distraction, ni la suspension de cette fervente prière. Et l'union du Pontife avec son Dieu est si intime, qu'il en a la charité et la bonté. En toute vérité, c'est le représentant du Christ sur la terre et pour tous.

La plus grande joie du pèlerinage de Rome, c'est d'avoir vu le saint Pontife, mais surtout d'avoir été reçu à son audience.

Mais comment, dira-t-on, y prétendre? En effet, la vie du Pape est tellement pleine, c'est tellement un perpétuel et dur servage, selon leur antique devise : *servus servorum*

Christi! Où trouver une heure de liberté et de repos, avec ces commissions nombreuses, ces affaires sans fin, ces représentants de tous les points du monde catholique, apportant à Rome leurs demandes, leurs prières, leurs doutes, leurs affaires ; ces relations de toutes sortes et cette connaissance nécessaire de l'administration générale du monde, sans parler des rapports diplomatiques et politiques, sans parler des devoirs personnels du prêtre. Car le Pontife, c'est un prêtre, et souvent un moine, avec ses obligations spéciales, ses règles dont il ne s'affranchit pas.

On a fait le relevé des travaux journaliers du Pape, tels qu'il les accomplit chaque jour, et c'est à inspirer de la pitié ou de l'admiration (1). Le métier est dur, c'est une vie rude, et aucun assujétissement n'égale celui de ce rang suprême.

Et pourtant le Saint-Père se laisse aborder ; il est rare qu'il refuse une audience ou commune ou même personnelle.

Simple prêtre, et ne remplissant aucune mission, je n'avais droit à aucune faveur ; j'adressai ma demande, et deux jours après j'étais admis à l'audience.

J'en fais l'aveu, si j'étais heureux, je n'étais pas moins ému. Seul, dans mon obscure individualité, en présence de ce souverain des âmes, de cette majesté spirituelle qui n'a pas d'égale, le cœur me battait fort, mais le trouble ne fut pas long. Ma lettre m'indiquait six heures ; un peu auparavant j'étais dans les salons d'attente. Il y avait quelques minutes à peine que j'étais arrivé, à peine avais-je eu le temps de me renseigner sur le cérémonial,

---

(1) Voir la note, page 170.

auprès des camériers de service, que j'étais appelé, courtoisement introduit par l'un d'entre eux.

J'ai vu de près et à loisir quelques-unes des grandeurs de ce monde, j'ai vécu tout près de ces royautés terrestres portant le sceptre du génie ou de la puissance ; mais je n'avais pas été ému dans un point aussi intime de l'âme.

Pour arriver jusqu'au Pape, j'avais traversé dans cet immense Vatican de vastes et splendides salons, à recevoir de nombreuses et illustres multitudes ; mais, après, j'arrivais aux appartements particuliers du Saint-Père, et au bout d'un couloir et d'une modique chambre, je me trouvais dans le cabinet du Pape, dans la chambre où il passe ses heures de prière et de travail, cabinet modeste, pas plus grand, moins orné peut-être que celui où j'écris ces lignes. J'étais seul, absolument seul. Avec empressement je fais les génuflexions d'usage, et à la troisième, je me jette aux pieds du Père universel et les baise avec effusion. Pour moi, ce n'était pas un vain cérémonial, je savais où remontait cet acte religieux : et lorsque, avec sa bonté merveilleuse, Pie IX m'eut relevé et attiré à lui : « Saint-Père, lui dis-je, je viens ici faire un acte de foi. Je suis heureux, chrétien et prêtre, de vénérer en vous le représentant de J.-C., le successeur de Pierre, le chef auguste de la Religion et le Pontife-Roi. »

« Je fais plus, je ne suis pas seul à vos pieds : je viens rattacher à cette chaire sacrée l'église qui m'est confiée, les vingt mille paroissiens dont j'ai la charge et dont je vous offre la foi, le respect et l'amour. »

Le Saint-Père parut sensiblement touché de mes paroles et engagea avec moi, en langue française qu'il parle aisément, une conversation pleine d'intérêt. L'état des esprits de la France, de notre Bretagne, en particulier, furent les principaux points. J'admirai comment il était instruit de toute chose et se rappelait les personnages qu'il avait vus. Parfaitement remis de mon émotion, je m'exprimai avec toute la franchise de ma pensée, avec tout l'épanchement d'un fils auprès de son père. C'est le seul sentiment possible avec une âme aussi expansive et aussi bienveillante. Mes nombreuses demandes et les nombreuses signatures qu'il voulut me donner, séance tenante, ne l'effrayèrent pas, quoiqu'il en sourit doucement. De ces sept ou huit demandes, il n'en est pas une qu'il n'ait lue en entier ; sur chacune il m'a fait ses observations et les a signées avec commentaires ou addition.

Loin de moi était la pensée de faire des sollicitations indiscrètes. Je n'étais là que le représentant de ma paroisse, et je demandais bénédictions et grâces pour les miens et pour les œuvres qui s'y rattachent. A l'occasion de quelques œuvres de Dames, Pie IX me dit ces paroles dont les Dames françaises peuvent être fières : « Vous êtes heureux, en France, d'avoir des aides comme les femmes françaises ; elles ont l'initiative, l'intelligence et la persévérance des œuvres. C'est une grande gloire qui leur appartient. »

Sur l'état des esprits, la direction des intelligences et l'appréciation de la société, j'ai trouvé dans le Pontife une fermeté de coup-d'œil et une sagesse de vue dont j'ai été frappé.

« Toutefois, — me montrant un beau christ fixé à son bureau, au-dessous duquel est une petite peinture de la Vierge : — voilà, me dit-il, avec un sourire de saint, ma politique et mon appui. »

L'entretien dura longtemps ; j'étais là, debout devant lui, à l'angle de son bureau et le touchant presque ; il s'intéressait aux moindres détails, montrait une inépuisable bonté. Alors, voyant qu'il ne me congédiait pas, je craignis d'abuser de mon bonheur, et rompis moi-même l'entretien.

Je sortis de cette audience, — l'heure la plus solennelle de ma vie — ravi et embaumé. J'aurais pu me dire : personne n'a été reçu comme moi. Naïveté qui eût été pardonnable, car c'est ce que répètent tous ceux qui ont approché Pie IX et ont recueilli la preuve de son incomparable bonté.

Dernièrement un homme d'un rare mérite revenant de Rome exprimait les mêmes idées : « Souvent ma pensée se retournera vers Rome, mais ce qui m'y attire et m'y charme au-dessus de tout, c'est le Pontife qui y règne : il est l'idéal de la bonté, de la majesté et de la vertu sur la terre. »

A mesure que ces jours troublés s'éloigneront, la noble figure du Pontife grandira. L'histoire lui réservera une place glorieuse parmi les plus nobles caractères. On s'estimera heureux alors d'avoir vu cet homme, l'honneur de la religion et de son siècle.

Si j'osais résumer en une phrase tout ce que renferment ces pages et condenser en deux mots ma pensée, je dirais : Rome est l'écrin du monde, et Pie IX en est la perle la plus belle.

NOTE

Extrait de la correspondance du Temps, *journal protestant.*

Je vous ai exposé, cet hiver, le système des *Audiences Papales.* Chaque ministre, chaque cardinal, préfet de quelque congrégation, de quelque haut office; — et comme tous les cardinaux ont une direction de ce genre, on peut dire d'une manière générale chaque cardinal, — chaque prélat secrétaire des diverses institutions religieuses, politiques et judiciaires, chaque personnage, en un mot, ayant une personnalité notable, vient, une fois la semaine au moins, causer avec le Pape, lui présenter un résumé succinct des affaires dont il est chargé, des lettres qu'il doit écrire, des questions soulevées, des conflits survenus, des manquements ou des qualités des personnes qui sont sous sa juridiction, enfin de tout ce qui concerne la partie du travail dont il est chargé.

Au début je tombai dans l'erreur vulgaire, savoir que le Pape était un Roi, je ne dis pas fainéant, mais purement contemplatif, qui se reposait de tout sur le cardinal intime, qui s'appelle le secrétaire d'Etat. Rien n'est plus contraire à la réalité des choses. Le gouvernement papal est le gouvernement personnel le plus intense qu'il y ait jamais eu et qu'il soit possible d'imaginer. Il n'est pas une question, même d'apparence très-secondaire, dont Sa Sainteté n'ait été entretenue, sur laquelle il n'ait émis son avis particulier. Le secrétaire d'Etat vient *travailler* avec Elle chaque matin, comme Colbert *travaillait* avec Louis XIV, mais avec cette différence que Sa Sainteté sait tout par le détail, qu'elle travaille pour tout de bon, qu'elle a tous les éléments du contrôle, qu'elle est extrêmement laborieuse, qu'elle est occupée des affaires environ neuf heures par jour, qu'elle ne chasse ni ne joue, qu'elle donne audience même dans ses promenades, qu'elle a la vie la plus étonnamment occupée qu'il y ait dans aucun palais royal ou ministériel, d'un bout à l'autre de l'Europe.

Voilà ce que je dois dire pour rectifier des appréciations inexactes sur les habitudes de la vie au Vatican.

Le Pape n'est complètement à lui que de six heures du matin à huit heures, et de une heure et demie à trois heures et demie. Il lui reste si peu de moments pour lire, que l'une de ses joies, est, le jour où l'audience vaque à cause de quelque saint, environ trois fois par mois, de s'enfermer avec un des jeunes prélats au casino du jardin, et de prendre *un bain de lecture*. La *Somme* de Saint-Thomas, le *Dante*, les grands ouvrages synthétiques, plutôt que les ouvrages d'érudition et de dispute, sont ses ouvrages favoris, etc. (*Correspondance du* Temps, *12 juin 1864.*)

Nantes, V⁰ Mellinet, imprimeur de la Société académique.

www.ingramcontent.com/pod-product-compliance
Lightning Source LLC
Chambersburg PA
CBHW050216230526
45470CB00001B/407